PARIS
100
EXPÉRIENCES
INSOLITES

SOPHIE LEMP

PARIS 100 EXPÉRIENCES INSOLITES

ARTY, DÉCALÉES,
ZEN OU EXTRÊMES

PARIGRAMME

*À la curiosité, aux rires et aux frissons de Rainer,
Lou et Chjara, qui n'ont pas hésité à partager bon nombre
de ces expériences avec moi.*

N'hésitez pas à nous écrire : **parigramme@parigramme.fr**

Sommaire

« Une âme habituée
est une âme morte. »

Gaston Bachelard

À Paris, ville de tous les possibles, une multitude d'aventures extraordinaires sont à vivre, pour qui sait sortir de sa routine... Zen, arty, sensuelles ou sportives, il y en a pour tous les goûts. Les amoureux s'offriront une croisière privée sur la Seine, tandis que les voyageurs dans l'âme feront le tour du monde le temps d'un pique-nique polyglotte. Les passionnés d'art contemporain arpenteront les mystérieux sous-sols du Palais de Tokyo, les joueurs invétérés s'essayeront à une folle partie d'*escape game,* les téméraires tenteront la chute libre *indoor* et les audacieux un dîner naturiste. Entre bonheurs sensuels comme la sieste acoustique ou une heure en apesanteur dans une bulle de flottaison, et poussées d'adrénaline aux manettes d'un simulateur de vol, la liste des expériences insolites à vivre dans la capitale est longue. Il ne vous reste qu'à choisir celle qui correspond le mieux à votre tempérament ou à votre humeur du moment, pour goûter intensément aux saveurs de l'existence, chaque jour... ou presque !

1 Vivez Paris autrement

Bien sûr, on peut toujours aller au cinéma au coin de sa rue, se promener dans son quartier… mais l'ennui guette. Et si c'est pour vivre toujours la même chose, à quoi bon habiter Paris ? Sortez de vos habitudes, glissez-vous dans des lieux qui paraissent interdits au commun des Parisiens, arpentez la ville et ses recoins, son sous-sol même, voguez sur la Seine, entrez là où on ne vous attend pas… et l'existence reprendra toutes ses couleurs.

Assistez à des plaidoiries singulières

CONFÉRENCE BERRYER

Maison du Barreau • 2, rue de Harlay, 1er • M° Cité ou Pont-Neuf

Une fois par mois • Programme en ligne • Entrée libre, sans réservation

laconference.net

Cela fait plus de cent ans qu'une fois par mois, après les audiences de la journée, deux candidats, devant 12 avocats, Secrétaires de la Conférence, et un invité – après Salvador Dalí et Serge Gainsbourg en leur temps, Valérie Lemercier ou Maïtena Biraben ont récemment tenu ce rôle –, mettent leur éloquence à l'épreuve. Souvent eux-mêmes avocats – mais l'exercice est ouvert à tous – , ils ont choisi l'un des deux sujets proposés et prennent la parole, s'adressant à l'invité, osant plaisanteries, railleries et jeux de mots. Vient ensuite l'heure de la critique, acerbe, des douze Secrétaires qui ne laissent rien passer. Puis c'est l'invité, généralement bienveillant, qui conclut la soirée. La salle est comble depuis la fin de l'après-midi. Le public, qu'il soit averti ou novice, ne s'y est pas trompé. On s'exclame, on applaudit, on rit. Une soirée digne des meilleures représentations théâtrales !

Faites monter les enchères

HÔTEL DROUOT

9, rue Drouot, 9e • M° Richelieu-Drouot • Tél. 01 48 00 20 20

Du lundi au samedi, 11h-18h (21h le jeudi) • Entrée libre

drouot.com

La salle Drouot, plus ancienne institution de vente aux enchères au monde, organise plus de 3 000 ventes par an. Vous pensiez cet endroit prestigieux réservé aux initiés ? Il est au contraire ouvert à tous et il s'y passe toujours plusieurs choses à la fois. Dans les salles d'exposition, avant une vente, les objets sont exposés au public. Au milieu des tableaux impressionnistes, des bijoux de pacotille et des meubles Art déco, vous vous sentez ailleurs, hors de tout espace-temps. Dans la salle d'à côté se déroule une vente. Les portes sont restées ouvertes, il y a foule. Certains sont assis, d'autres debout, un homme entre, un couple sort, le mouvement est incessant. Au bout de quelques instants, vous avez saisi l'essentiel des termes employés par le commissaire-priseur : "On renonce ?", "Pas de regret ?", "Il y a preneur"... Vous voilà prêt à enchérir à votre tour !

POUR VIVRE HEUREUX, VIVONS TOUT NU !

Ce n'est pas une nouveauté, mais c'est un secret bien gardé... Depuis des années, au bord du périphérique, les portes de la **piscine Roger Le-Gall** s'entrouvrent dans la soirée, après la fermeture, pour laisser entrer des sportifs pas comme les autres. Leur particularité ? Ils sont membres de l'ANP, Association des Naturistes de Paris, et viennent ici afin de s'entraîner dans le plus simple appareil. Ils ont accès non seulement à la piscine, avec son bassin de 50 mètres, mais aussi aux installations de fitness. On a beau savoir que le mot "gymnase" vient partiellement du grec *gymnós* ("nu"), certaines machines donnent lieu à des spectacles parfois déstabilisants. Dans l'eau, en revanche, les choses redeviennent naturelles, et on se laisse aller au plaisir simple et délectable de nager nu. Attention, public majoritairement masculin.

Pendant l'été 2017, un espace dédié au naturisme dans le bois de Vincennes a rencontré un franc succès. Dans la foulée, le restaurant **O'Naturel** a ouvert ses portes non loin de là, dans le 12e arrondissement. La nudité sur la voie publique n'étant pas autorisée, il faudra vous déshabiller après avoir franchi le seuil de l'établissement. Pas question

de venir en observateur, vous devrez ôter tous vos vêtements avant de vous attabler. Bien évidemment, la salle n'est pas visible depuis la rue. Si vous n'avez jamais pratiqué le naturisme, les premières minutes vous déstabiliseront peut-être mais votre gêne se dissipera vite. Ici, pas de regard insistant ni déplacé. Le personnel reste quant à lui habillé, pour des raisons d'hygiène, mais vous servira comme si vous l'étiez aussi. Le respect de soi et des autres pourrait être la devise de ce lieu unique.

PISCINE ROGER-LE-GALL

34, boulevard Carnot, 12e
M° Picpus ou Porte-Dorée
Tél. 01 40 30 48 29
(Association des Naturistes de Paris)
Du lundi au mercredi, 21h-23h
et vendredi, 21h30-23h30

Première séance gratuite, puis 10 € le tarif visiteur ou 140 € l'adhésion annuelle (40 € pour les 18-26 ans)
naturistes-paris.fr

O'NATUREL

9, rue de Gravelle, 12e • M° Daumesnil ou Michel-Bizot
Tél. 01 85 15 24 91
Du mardi au samedi (ouvert le soir uniquement, sur réservation)

49 € le menu entrée + plat + dessert
restaurant-onaturel.fr

Voyagez dans un étrange jardin

JARDIN D'AGRONOMIE TROPICALE

45 bis, avenue de la Belle-Gabrielle, 12e • RER Nogent-sur-Marne

Tous les jours, 9h30-17h, 18h, 19h ou 20h selon la saison • Entrée libre

paris.fr

Si vous franchissez la porte – chinoise – du Jardin d'Agronomie Tropicale un dimanche d'été, vous êtes d'abord surpris par le tout petit nombre de visiteurs. Les allées désertes donnent le sentiment de vous promener dans un lieu clandestin. Vous êtes en fait dans les vestiges de l'Exposition coloniale de 1907. Si le pavillon indochinois se tient à peu près, d'autres, comme ceux de Tunisie, du Maroc et de la Guyane, sont presque à l'abandon. Bien souvent, une végétation foisonnante a pris le dessus pour un dépaysement immédiat. Un lieu hors du temps et loin des repères connus. Un véritable trésor caché.

Osez une croisière intime

GREEN RIVER CRUISES

34, quai d'Austerlitz, 13e • M° Gare-d'Austerlitz • Tél. 06 50 22 90 65

Programme et réservation en ligne
À partir de 204 € la croisière privée de 1h pour 6 personnes

greenriver-paris.fr

Aujourd'hui, c'est le grand jour : vous retrouvez votre cher et tendre ou vos meilleurs amis sur le quai d'Austerlitz pour un embarquement immédiat sur un *pontoon boat*, bateau chic très en vogue aux États-Unis. Seuls à bord (avec le capitaine !), vous regardez défiler l'Île Saint-Louis, le Marais, le Louvre et redécouvrez alors Paris, un Paris de carte postale délicieusement kitsch, sans perches à selfies ni commentaires ânonnés dans un micro grésillant. Le temps d'un verre levé à la beauté de la capitale – dans certaines formules le vin est offert, mais il est possible d'apporter de quoi boire et grignoter –, vous voilà riches voyageurs ou vedettes de cinéma. Et la croisière terminée, c'est en vous souvenant d'un poème de Prévert que vous débarquez sur la terre ferme. “La Seine a de la chance, elle n'a pas de souci, elle se la coule douce, le jour comme la nuit”...

Régalez-vous, ni vu ni connu

THE OFFICE

Les Frigos • 19, rue des Frigos, 13e • M° Bibliothèque-François-Mitterrand

Réservation en ligne • 40 € le menu surprise

theofficelatable.com

Ancienne gare frigorifique, Les Frigos ont été dès les années 1980 investis par de nombreux artistes. Ils sont aujourd'hui plus de 200 à y avoir leur atelier. C'est au cœur de ce vivier créatif – qu'elle connaît bien puisqu'elle y a grandi – qu'Émilie a installé The Office, sa table d'hôtes. Deux possibilités s'offrent à vous : la privatiser pour une soirée entre amis ou, encore plus réjouissant, la partager avec des inconnus. Convives et menus surprise – il est toutefois possible de faire part de ses intolérances alimentaires –, le tout dans un lieu underground aux accents berlinois : si cette adresse n'est plus vraiment secrète, elle vous fera passer une soirée unique.

Baladez-vous solidaire

L'ALTERNATIVE URBAINE

Plusieurs promenades par semaine • Programme et réservation en ligne

Participation libre

alternative-urbaine.com

En authentique Parisien, vous prenez rarement le temps de vous promener dans votre ville, ses quartiers méconnus, ses impasses, ses petites rues. En participant à l'une des balades proposées par l'association L'Alternative Urbaine, vous découvrirez des endroits dont vous ignoriez l'existence, guidé par une personne en réinsertion. En soutenant l'association, vous aiderez cette personne à reprendre confiance en elle et à continuer son chemin plus sereinement. Cet "éclaireur urbain", parfois ancien SDF, vous apprendra beaucoup sur l'histoire de la capitale – vous saurez tout sur les ouvriers des anciennes manufactures du 13e arrondissement –, vous emmènera dans des coins où vous n'avez jamais mis les pieds – on peut se promener à la Défense ? – mais vous offrira aussi un autre regard, le sien, sur votre environnement. Ainsi, pendant deux heures, vous aurez donné, mais vous aurez surtout beaucoup reçu.

Explorez les entrailles de Paris

SEADACC

27, rue du Faubourg-Saint-Jacques, 14e • M° Saint-Jacques

Visites guidées réservées aux adhérents (30 € l'adhésion)

seadacc.com

Sous l'hôpital Cochin se cachent les anciennes carrières des Capucins, un site fermé au grand public mais dont des visites en petit comité sont régulièrement organisées pour les membres de l'association Société d'Études et d'Aménagement des Anciennes Carrières des Capucins (SEADACC). Après avoir descendu 199 marches, vous voici à 20 mètres sous terre. Vous apprenez que les souterrains de la capitale, exploités par endroits jusqu'au XIXe siècle, regorgeaient naguère de richesses. Calcaire, gypse, graviers ou marnes vertes, on y trouvait tout le nécessaire à la construction des plus grands édifices. Grâce à un guide incollable sur le sujet, vous découvrez les moyens utilisés alors pour extraire la roche ou consolider les blocs afin qu'ils ne s'effondrent pas. Si vous êtes déboussolé par ces dédales de galeries, pas de panique, de petits panneaux indiquent les rues situées au-dessus de vos têtes. Une balade précieuse pour comprendre l'histoire de Paris.

Nagez sur les toits

NOVOTEL PARIS CENTRE TOUR EIFFEL

61, quai de Grenelle, 15e • M° Bir-Hakeim ou Javel-André-Citroën • Tél. 01 40 58 20 00

Du lundi au vendredi, 8h-21h30, samedi, 8h-20h30 et dimanche, 9h-18h30
25 € l'entrée avec accès à la salle de fitness

novotel-paris-toureiffel.com

À New York, certains hôtels ont une piscine sur le toit mais elle est souvent réservée à la clientèle. Celle du Novotel Paris Centre Tour Eiffel est accessible à tous, moyennant un droit d'entrée (certes plutôt élevé...). Ici, on est seulement au 4e étage mais vous pouvez nager et profiter de la vue sur la Seine – le bassin est entouré de baies vitrées – même si vous êtes parisien. Venez un jour de beau temps : le toit s'ouvrira comme par magie, ce qui vous donnera presque l'impression de voler ! L'entrée permet également d'accéder à la salle de sport et vous garantit de nager au calme, la piscine étant peu fréquentée. Soleil, brise douce, touristes discutant dans une langue que vous ne comprenez pas : il ne vous reste plus qu'à ôter votre montre et faire comme si vous étiez en vacances !

Allégez votre vie

LA MAISON DU ZÉRO DÉCHET

3, rue Charles-Nodier, 18e • M° Anvers • Tél. 09 86 54 38 88

Du lundi au vendredi, 12h-20h et samedi, 10h-19h
10 € l'atelier de 1h30

lamaisonduzerodechet.org

Effrayé par la quantité de déchets produits en France chaque année, vous en avez assez de descendre les poubelles et aspirez à vivre autrement ? La toute jeune Maison du Zéro Déchet est là pour vous accompagner dans ce changement grâce à des ateliers vraiment utiles, car tout seul ce n'est pas facile. Ainsi, vous apprendrez à cuisiner sans rien jeter, à fabriquer votre dentifrice, à utiliser un lombricomposteur, à transformer vos vieux meubles ou à adopter une garde-robe minimaliste. Un lieu dédié aux pratiques écoresponsables – une boutique permet d'acquérir les essentiels en la matière – dont on sort grandi. Il n'est pas question ici d'une aventure d'un jour mais bien d'une expérience qui sera sûrement celle de toute une vie !

Faites un tour à la campagne

LA RECYCLERIE

83, boulevard Ornano, 18e • M° Porte-de-Clignancourt • Tél. 01 42 57 58 49

Tous les jours • Visite de la ferme le mardi à 15h
Entrée libre • 25 € l'adhésion à l'association des Amis REcycleurs

larecyclerie.com

La REcyclerie, c'est un lieu incroyable, installé dans l'ancienne gare d'Ornano, qui propose toutes sortes d'événements, ponctuels comme réguliers – ateliers de bricolage, de réparation, ateliers pour enfants –, et qui héberge depuis 2015 une véritable ferme urbaine. Sur plus de 1 000 mètres carrés, la Petite Ceinture voit la nature reprendre ses droits. Dans cette ferme, on trouve une basse-cour avec poules et canards, des ruches, un système d'aquaponie – bassin alimenté par l'eau de pluie où sont élevés des poissons comestibles et cultivés des végétaux – et un grand potager collectif. Visiter la ferme un mardi n'est souvent qu'une étape : en devenant ensuite adhérent, vous pourrez participer activement au développement du projet et avoir la chance de déguster quelques œufs tout frais !

Marchez aux frontières de la ville

LES PROMENADES URBAINES

112, rue Lamarck, 18ᵉ • M° Lamarck-Caulaincourt • Tél. 06 14 56 60 33

Programme et réservation en ligne • Frais de participation variables, jusqu'à 10 €

promenades-urbaines.com

À ses débuts, l'association proposait des promenades architecturales, littéraires et urbaines autour du centre Pompidou. Si le périmètre s'est peu à peu élargi jusqu'au Grand Paris, ce jour-là, ce sont les jardins du 17e arrondissement qui sont à l'honneur. Un groupe d'une quinzaine de personnes se retrouve autour d'un paysagiste. Étudiants en architecture, vieilles dames du quartier, amoureux de la nature, le groupe est hétérogène et l'ambiance sympathique. Le temps d'une balade vivante, vous apprenez que les "jardins à vivre" du XXIe siècle n'ont pas grand-chose en commun avec les "jardins à voir" du XIXe. Entre rappels historiques et démonstrations pratiques, les deux heures que dure la promenade passent comme un rêve. "Donner à parcourir et à comprendre l'espace urbain en croisant les regards avec tous les publics" est l'un des objectifs de l'association. Très réussi !

Pêchez aux Buttes-Chaumont

CLUB DES BONS AMIS DES BUTTES

20, rue Édouard-Pailleron, 19e • M° Bolivar • Tél. 01 74 64 99 54

Cartes de pêche en vente le samedi, 10h-11h20, au 01 74 64 99 54
et sur www.cartedepeche.fr • 12 € la carte journalière

federation-peche-paris.fr

Pour pêcher à la coule, pas besoin d'être en vacances au bord de la mer ou à proximité d'une rivière : il est possible de pratiquer cette activité sans quitter Paris, même si vous ne fréquentez pas les bords de Seine. L'étang des Buttes-Chaumont – 1,5 hectare de superficie pour 80 centimètres de profondeur environ – regorge en effet de trésors. Gardons, perches, goujons, la prise peut être très intéressante ! Le cadre bucolique du jardin, propice à la rêverie, rend quant à lui l'expérience vraiment charmante. Bien sûr, vous devez être titulaire des autorisations nécessaires : le Club des Bons Amis des Buttes propose des cartes à l'année, mais aussi des formules "découverte" pour les enfants ou journalières, pratiques pour simplement s'initier.

Chillez à la cool

LAPLAGE DE GLAZART

7-15, avenue de la Porte-de-la-Villette, 19e • M° Porte-de-la-Villette
Tél. 01 40 36 55 65

De juin à septembre • Entrée libre

glazart.com

Vous êtes bloqué à Paris tout l'été et rêvez d'une escapade à la mer ? Le temps d'une soirée, LaPlage de Glazart fera tout à fait illusion. Les pieds dans le sable, vous pourrez boire un verre lové dans un transat, dîner à la fraîche, assister à un concert ou danser jusqu'au bout de la nuit. Grâce à une programmation éclectique et de qualité, à une ambiance festive et estivale, vous laisserez de côté les soucis, le gris, le bruit, la fatigue. Loin de Paris Plages, jugé parfois artificiel, du vrai sable, de la bonne musique et un ciel étoilé suffiront à vous faire oublier que vous n'êtes pas au cœur d'une station balnéaire mais bien dans la capitale – et pourtant le périphérique est à deux pas !

Voguez sur le canal de l'Ourcq

MARIN D'EAU DOUCE

37, quai de la Seine, 19ᵉ • M° Crimée • Tél. 01 42 09 54 10

À partir de 40 € l'heure de location d'un bateau pour 5 personnes

marindeaudouce.fr

Vous vous êtes toujours senti une âme de capitaine de navire mais n'avez jamais passé votre permis ? Sur le canal de l'Ourcq, il est possible de louer un bateau électrique, sans permis, pour une heure ou deux, ou bien toute une journée. Selon la durée et l'embarcation choisies – toutes sont très faciles à piloter –, vous longez la Géode, les Grands Moulins de Pantin, l'hôtel des Douanes, et pouvez même pousser jusqu'à l'écluse de Sevran. Au-delà du plaisir de naviguer en étant seul maître à bord – les enfants adorent ! –, vous découvrez des quartiers méconnus, en pleine mutation, et avez l'impression d'assister à la transformation de la capitale. On dit que Pantin sera bientôt aussi *hype* que Brooklyn, voilà une façon originale de vous faire une idée sur la question !

Découvrez le métro autrement

ADEMAS

2 bis, place de Touraine, 78000 Versailles • Tél. 07 53 84 65 95

Samedi (en journée) et dimanche (matin) • Programme en ligne
14 € la demi-journée de balade

ademas.assoc.free.fr

L'ADEMAS (Association D'Exploitation du MAtériel Sprague) organise des promenades à pied dans le métro pour en explorer les aspects méconnus. Vous y apprendrez un tas de choses sur le premier moyen de transport parisien, de l'origine de ses fameux carreaux blancs à l'histoire des stations Guimard, en passant par celle des voies de raccordement. Cerise sur le gâteau, vous ferez escale dans des lieux inconnus des voyageurs lambda comme les stations fantômes où les trains ne s'arrêtent pas, des vestiges d'accès fermés ou historiques. De quoi poser un nouveau regard sur le routinier "métro-boulot-dodo" !

Faites le marché à 5h du matin

VISITE DU MARCHÉ DE RUNGIS

1, rue de la Tour, 94550 Chevilly-Larue

85 € par personne (transferts, visite guidée de 3h et brunch)

visiterungis.com

Quand votre réveil sonne au beau milieu de la nuit, vous savez que votre journée ne ressemblera à aucune autre : vous avez rendez-vous à 4h30 du matin place Denfert-Rochereau, et ce n'est pas pour accompagner vos enfants en colo ! Après un court trajet en car, vous voilà au cœur d'un des plus grands marchés de produits frais au monde, Rungis. Les lieux étant réservés aux professionnels, il va falloir vous fondre dans le décor en revêtant la tenue d'hygiène réglementaire – fournie. Poissons, viandes, fromages, fruits et légumes, fleurs coupées, vous avez trois heures pour explorer les différents pavillons. La visite guidée s'achève autour d'un copieux petit-déjeuner dans une des brasseries du marché. C'est aussi l'heure du café – ou du petit blanc – pour tous ceux qui travaillent à Rungis, alors continuez à ouvrir vos yeux et vos oreilles, le spectacle n'est pas encore terminé !

Promenez-vous dans un film

CINÉ-BALADE

Tél. 06 37 24 49 75

Programme et réservation en ligne • 14 € la promenade de 2h30

cine-balade.com

Juliette, passionnée de cinéma, organise des balades dans Paris sur le thème du 7e art. À Montmartre ou Belleville, elle emmène le petit groupe du jour sur les traces des tournages qui ont jadis animé les rues de la capitale. Aujourd'hui, direction le 9e arrondissement, quartier où a grandi et très souvent tourné François Truffaut. Anecdotes, extraits de films, citations, la promenade est très vivante et vous plonge rapidement dans le cinéma et la vie du réalisateur. Car plus que d'une visite guidée, c'est bien d'une immersion qu'il s'agit. Et lorsqu'elle prend fin, alors que vous vous promettez de revoir *Baisers volés* le soir même, vous vous arrêtez un instant : ne serait-ce pas Antoine Doinel qui vient de tourner au coin de la rue ?

Enquêtez entre amis

QUI VEUT PISTER PARIS ?

Tél. 06 38 58 90 51 • Programme et réservation en ligne

13,50 € le jeu de piste (9,50 € pour les moins de 25 ans)

quiveutpisterparis.com

“Le suicidé du Pont-Neuf”, “Crimes à Saint-Germain” ou “Mission Tour Eiffel”, voilà autant d'énigmes à résoudre en arpentant les rues de la capitale. En équipe – de six maximum –, c'est muni d'une mallette comprenant carnet de route et multiples accessoires que vous tenterez d'atteindre le plus rapidement possible le lieu d'arrivée. Ce jeu de piste pour adultes ravira les nostalgiques – ah, les chasses au trésor de notre enfance ! – comme les curieux. En avançant dans votre enquête, à la façon d'un Sherlock Holmes parisien, vous apprendrez de nombreux détails et anecdotes sur l'histoire de la ville. Et si vous êtes moins de quatre lors de votre inscription, vous constituerez une équipe avec d'autres participants ; rien de tel que l'adversité pour se découvrir des affinités ! Ludique et bien pensé.

Visitez Paris avec des *insiders*

PARISIEN D'UN JOUR - PARIS GREETERS

Formulaire d'inscription en ligne • Gratuit

greeters.paris

Cette association met en relation ceux qui souhaitent visiter la ville autrement et des Parisiens bénévoles amoureux de leur cadre de vie. Si le concept séduit surtout les touristes, il est ouvert à tous. Pour participer, il suffit de renseigner vos disponibilités, à partir desquelles un *greeter* vous propose une balade, que vous êtes libre d'accepter ou non. Ce jour-là, rendez-vous est pris avec Valérie pour une découverte de la Nouvelle-Athènes, dans le 9e arrondissement. Vous retrouvez votre guide d'un jour, ainsi qu'une Américaine en vacances, dans le jardin du musée de la Vie Romantique. Pendant près de deux heures, vous déambulez ensemble dans ce quartier méconnu, explorant des lieux où vous n'aviez jamais mis les pieds. La promenade est si riche que vous pourriez bien être tenté un jour de communiquer à votre tour votre amour de Paris...

2

Rêvez et lâchez prise

Et si l'expérience la plus enrichissante, la plus exigeante aussi, consistait à renoncer au contrôle, à l'action frénétique, au remplissage de nos agendas au profit de moments de calme, de laisser-aller, de douceur ou de rêverie ? Retrouver son "moi" profond, ses ressources créatives en se connectant à d'autres imaginaires... Quelles promesses !

Offrez vos cheveux à la Lune

SALON DE COIFFURE DE DJELANI MAACHI

40, rue Coquillière, 1er • M° Les-Halles ou Louvre-Rivoli • Tél. 01 42 33 57 47

Sur rendez-vous uniquement (réservation possible en ligne)
À partir de 55 € (shampoing + coupe + coiffage)

Lorsque la Lune est pleine, notre circulation sanguine s'améliorerait considérablement, ce qui aurait un effet bénéfique sur la qualité et la repousse de notre chevelure – jusqu'à 2,50 centimètres de repousse en un mois, au lieu du centimètre habituel. Fort de cette conviction, Djelani Maachi, coiffeur autodidacte, décide en 1985 de rester ouvert jusqu'au petit matin les nuits de pleine lune. Trente ans après, lorsque vous entrez un soir dans son salon, vous êtes immédiatement séduit par l'atmosphère familiale qui y règne. Ici, tout le monde semble avoir le temps. On vient se faire couper les cheveux après un dîner au restaurant ou une séance de cinéma. Et Djelani Maachi, s'il a été le chouchou d'émissions de télévision et invité dans de nombreux pays, n'a rien du phénomène de mode. Il est avant tout un professionnel chaleureux, qui donne envie de revenir le voir. Lors de la prochaine pleine lune ?

Méditez entre midi et deux

BAR À MÉDITATION

5, rue Gaillon, 2e • M° Quatre-Septembre • Tél. 01 47 42 00 00

Du lundi au vendredi, 8h-19h • 20 € la séance de 30 min

barameditation.fr

Vous avez beaucoup entendu parler des bienfaits de la méditation mais n'êtes jamais parvenu à vous y mettre seul ? Le Bar à Méditation vous facilite la tâche en proposant, tout au long de la journée, des séances d'une demi-heure. Exercices sur la pensée, sur les émotions ou sur la respiration, vous faites vos premiers pas accompagné par un instructeur qui connaît parfaitement son domaine. Pour essayer, rien de plus simple. Après avoir réservé votre séance, vous n'avez qu'à déposer vos affaires au vestiaire, vous installer confortablement sur un pouf ou dans un fauteuil, puis vous laisser guider. Au début, méditer peut sembler vraiment difficile tant les pensées affluent. Ne tentez pas de lutter, laissez-les passer tranquillement, sans vous attarder. Petit à petit, vous prendrez confiance en vous, en votre faculté à lâcher, et votre pratique deviendra plus fluide. Un lieu ressourçant.

Retrouvez des sensations profondes

LE SPA DANS LE NOIR ?

65, rue Montmartre, 2e • M° Sentier • Tél. 01 83 95 46 77

Tous les jours sauf dimanche, 12h-20h
(à partir de 10h le samedi et jusqu'à 21h le jeudi)
À partir de 52 € le massage sur mesure

lespadanslenoir.com

Se faire masser dans le noir par une personne non-voyante, un joli coup de marketing ? Une fois que vous aurez essayé, vous saurez qu'on en est loin. En haut d'un petit escalier, vous posez la main sur l'épaule d'un praticien et le suivez, sans rien voir ou presque, jusqu'à une cabine. Après vous avoir expliqué où ranger vos affaires, il vous laisse vous déshabiller. Quand vient le moment d'ôter vos bijoux et de les glisser dans votre sac, vous mesurez la difficulté de l'exercice. À tâtons, vous vous allongez et des doigts de fée commencent alors à s'occuper de vous, selon vos préférences. Le toucher est essentiel à celui qui ne voit pas, l'attention qui vous est portée en témoigne. Les gestes sont précis, l'écoute totale, le massage profond. Et si vous ouvrez les yeux, l'obscurité vous permet de rester plongé dans le plaisir de ce vrai moment partagé.

Faites une sieste acoustique et littéraire

MAISON DE LA POÉSIE

Passage Molière • 157, rue Saint-Martin, 3e • M° Rambuteau • Tél. 01 44 54 53 00

Programme et réservation en ligne • 10 € (5 € pour les adhérents)

maisondelapoesieparis.com

C'est un dimanche à la Maison de la Poésie. Quand les portes de la salle s'ouvrent, vous êtes invité à prendre place sur scène, où sont disposés des dizaines de coussins. Les habitués ôtent leurs chaussures et s'allongent illico sur le plateau. Après une brève hésitation, vous faites de même. Près de vous, un couple s'enlace. La lumière est tamisée, vos yeux fermés. Arrivent les artistes, musiciens, écrivains et commence alors un voyage d'une heure, où les textes lus succèdent aux chansons fredonnées, dans la quiétude de cet après-midi d'été. Si certains s'endorment profondément – en témoignent leurs ronflements –, quand vous sentez que vous allez sombrer, vous ouvrez les yeux un instant car vous ne voulez pas rater une virgule de ce spectacle qui ne ressemble à rien de ce que vous connaissez. Et quand une cloche vient sonner la fin de la sieste, vous savez seulement que vous reviendrez.

Entrez en relation avec d'autres mondes

L'UNIVERS D'ESTHER

13, rue des Tournelles, 4e • M° Bastille • Tél. 01 42 74 22 26

Conférences, consultations et ateliers plusieurs fois par semaine
Programme en ligne • À partir de 10 €

luniversdesther.com

L'Univers d'Esther, c'est une boutique où vous trouverez pierres, pendules, livres, jeux de tarot ou encens mais ce sont aussi des événements organisés autour de chamanes, de médiums, de voyants. Ce soir-là, c'est une *channel* qui propose, lors d'une méditation guidée, d'élever votre taux vibratoire. Dix minutes avant l'heure dite, la salle est déjà pleine. Jeunes, moins jeunes, habitués ou novices, il y a de tout. Quand vous apprenez ce qu'est le *channeling* (communication entre un être humain et une entité venue d'ailleurs) et découvrez que ce soir ce sont Marie-Madeleine et le maître saint Germain qui vont s'adresser à vous, vous êtes sceptique. Et puis la séance commence, vous fermez les yeux. Une heure plus tard, vous ne savez pas si votre taux vibratoire s'est élevé mais ce que vous avez entendu – "ne pas juger, laisser la lumière irradier..." – vous a profondément apaisé. Un beau voyage.

Vibrez en harmonie

BAIN DE GONG RASA YOGA

21, rue Saint-Jacques, 5e • M° Cluny-La-Sorbonne • Tél. 01 43 54 14 59

Samedi et dimanche, une fois par mois • 28 € le gong bath 1h30

rasa-yogarivegauche.com • zen-and-sounds.com

On ne le sait pas toujours, mais le corps d'un adulte est composé à 60 % d'eau en moyenne, d'où sa sensibilité aux ondes sonores. Pour s'en rendre compte dans la pratique, rien de mieux qu'une séance de *gong bath* – ou bain de gongs. Sonologue et thérapeute sonore intervenant un peu partout dans le monde, Swann vient régulièrement poser ses valises, ses gongs et ses bols tibétains à Paris, chez Rasa Yoga. Les sessions durent 1h30, pendant lesquelles on est allongé sur le dos, les yeux fermés, au chaud sous une couverture. La sensation de relaxation intervient très vite, puis les vibrations sonores font lentement leur œuvre, à travers tout le corps, agissant autant sur le physique que sur le mental. On oublie tout, le temps, l'espace, ses problèmes, son stress, mais aussi ses douleurs... Et au "réveil", la détente et le mieux-être qu'on éprouve vont se prolonger plusieurs heures.

Passez la nuit sous les étoiles

OBSERVATOIRE DE LA SORBONNE

17, rue de la Sorbonne, 5e • M° Cluny-La-Sorbonne ou Odéon • Tél. 01 42 24 13 74
(Société Astronomique de France)

Lundi et vendredi, 21h (en fonction de la météo) • Sur inscription
10 € la visite (5 € tarif enfants)

saf-astronomie.fr

Après avoir emprunté un ascenseur puis un escalier en colimaçon, vous voici dans la coupole de l'Observatoire de la Sorbonne. La salle, tout en bois, abrite une grande et belle lunette. Les soirs d'été, vous commencez par profiter de la vue à 360 degrés depuis le balcon circulaire, découvrant les monuments tout proches sous un jour nouveau. Dès que l'obscurité le permet, retour dans la coupole pour préparer l'observation. Tout le mécanisme est manuel : on ouvre d'abord une fente dans la toiture, puis on oriente la coupole, qui tourne dans la direction souhaitée. Aujourd'hui, malheureusement, les nuages ont envahi le ciel parisien et seules quelques étoiles sont visibles. Pour la Lune, Jupiter ou Saturne, il faudra revenir... Mais à 23h30, quand vous arpentez les couloirs déserts de l'université, vous êtes toujours sous le charme de ce premier voyage interstellaire...

Abandonnez-vous à la bienveillance

ALEX'STHÉTIK

49, rue Saint-Placide, 6e • M° Saint-Placide • Tél. 01 40 47 58 69

Sur rendez-vous

www.alexsthetik.fr

Poussez une porte discrète, entrez dans un petit couloir, et sonnez : Alexandra vous ouvre. Vous êtes chez elle et très vite… chez vous. Car ici, vous êtes au centre d'une écoute et d'une pratique attentives, exclusives, si rares qu'elles en deviennent exceptionnelles. L'attention portée à votre histoire et à celle de votre peau – perçue comme le reflet de votre âme et de votre équilibre psychique – donne à ce lieu tout simple une dimension magique. Grâce à des produits naturels, comme cette lotion au Zinzibar aux odeurs de sous-bois, et aux techniques les plus en pointe (les Led, par exemple), Alexandra corrige les peaux brouillées, les teints fatigués, les rides qui dépriment. Le visage reposé et régénéré, l'esprit libéré, vous ressortez durablement métamorphosé et chargé de l'énergie positive transmise par Alexandra, la fée colombienne.

Priez et vous serez exaucé

CHAPELLE NOTRE-DAME-DE-LA-MÉDAILLE-MIRACULEUSE

140, rue du Bac, 7e • M° Sèvres-Babylone ou Vaneau • Tél. 01 49 54 78 88

Tous les jours, 7h45-13h puis 14h30-19h (le mardi sans interruption)
Entrée libre

chapellenotredamedelamedaillemiraculeuse.com

En 1830, la Vierge serait apparue à sainte Catherine Labouré et lui aurait demandé de faire frapper une médaille à son effigie, pour protéger ceux qui la porteraient. Deux ans plus tard, alors qu'une épidémie de choléra faisait des ravages dans la capitale, certains auraient été épargnés grâce à ladite médaille. L'engouement fut immense, et la chapelle devint un lieu de pèlerinage. Aujourd'hui, le lieu attire encore les foules. En y entrant, vous serez frappé par la luminosité et par la ferveur qui règnent ici. L'atmosphère est très particulière, et très différente de celle des autres églises. Selon vos croyances, vous serez touché ou seulement amusé par cette assemblée de touristes, de clientes du Bon Marché, de personnes âgées, de religieuses… Et si vous avez envie de croire aux miracles, passez par la boutique afin de tester les vertus de la célèbre médaille !

Envolez-vous en douceur

FLY YOGA

61, rue du Faubourg-Poissonnière, 9e • M° Poissonnière • Tél. 06 49 49 62 56

Cours tous les jours • À partir de 30 € le cours

fly-yoga.fr

Faire du yoga en apesanteur, ça vous tente ? Florie propose des cours de *fly yoga*, autrement dit de yoga aérien. Chacun des participants s'installe devant un tapis et un tissu, sorte de grand hamac accroché au plafond. La séance commence par une prise en main du tissu, pour apprendre à monter dessus et à l'utiliser. Suivent plusieurs postures et étirements, tantôt en suspension, tantôt au sol, le tissu servant à soutenir tour à tour le dos, les jambes, etc. Si les sensations sont inédites et plutôt agréables, le cours pourrait décevoir ceux qui connaissent déjà bien le yoga. En effet, on a par moments davantage l'impression de suivre un cours de gym ! Mais à la fin de la séance, pendant la relaxation, confortablement lové dans le hamac et bercé par son doux mouvement de balancier, on oublie ces imperfections pour planer en toute sérénité. Une discipline à tester !

Explorez le bruit du silence

INTERNATIONAL VISUAL THEATRE

7, cité Chaptal, 9e • M° Blanche ou Pigalle • Tél. 01 53 16 18 18

Programmation en ligne • 24 € le spectacle (15 € tarif réduit)

ivt.fr

Depuis 1976, l'International Visual Theatre, première compagnie de comédiens sourds professionnels, œuvre pour la rencontre entre la culture sourde et la culture entendante. Installé dans l'ancien Théâtre du Grand-Guignol, l'IVT, dirigé par la comédienne Emmanuelle Laborit, propose des spectacles accessibles à tous. Vous pouvez ainsi assister à une pièce bilingue français/langue des signes française (LSF), à du théâtre visuel ou encore à un spectacle de marionnettes. Si vous avez envie d'aller plus loin et d'apprendre cette langue fascinante qu'est la LSF, le lieu propose également des cours du soir, des stages intensifs et des ateliers de théâtre, accessibles aux sourds comme aux entendants. L'IVT, véritable pont entre deux mondes qui ont parfois du mal à communiquer, est un endroit à fréquenter sans modération.

Faites-vous du bien… en mangeant

THE CURE RESTAURANT

34, rue Notre-Dame-de-Lorette, 9e • M° Saint-Georges • Tél. 09 82 53 53 73

Du lundi au vendredi, 12h-15h • 15 € plat et dessert

thecure-restaurant.com

The Cure, c'est un restaurant de poche où l'on vient soigner ses maux du moment autour d'un bon petit plat. Conçus avec un nutritionniste, les quatre menus, qui changent chaque saison, vous rendront plus zen ou vous aideront à lutter contre la fatigue, grâce à l'alliance des mets qui les composent. Avant de commander, vous commencez donc par vous demander comment vous vous sentez – énervé, épuisé, intoxiqué ? –, question que l'on ne se pose finalement pas si souvent. Ce que vous dégustez ensuite a une saveur particulière, puisque vous savez que vous êtes en train de vous faire du bien. Cerise sur le gâteau, ce qui est bon pour votre santé l'est également pour vos papilles, avec une mention spéciale au cookie chocolat-amande-noisette dont la seule vue vous calmera instantanément.

Ronronnez en paix

LE CAFÉ DES CHATS

9, rue Sedaine, 11e • M° Bastille ou Bréguet-Sabin

Tous les jours sauf lundi, 12h-22h30 (23h le vendredi et le samedi)
3 € le café, 13 € la quiche maison

lecafedeschats.fr

Dès votre arrivée, vous comprenez que vous n'êtes pas ici dans n'importe quel café parisien : on vous demande de vous passer les mains au gel hydroalcoolique afin de pouvoir caresser sans retenue l'un des 12 pensionnaires du lieu. Les présentations sont faites grâce à une plaquette posée sur la table. Zan, Salem ou Izmir, chacun a son histoire – l'un a été abandonné dans la rue, l'autre trouvé dans un hall d'immeuble – et sa personnalité – câlin, sauvage, gourmand… À vous ensuite d'essayer de les repérer et de les reconnaître. Certains se baladent, d'autres se cachent sur une étagère ou dorment tranquillement près de vous. Gamelles de croquettes, petit pont suspendu, les chats sont ici chez eux et y semblent très heureux. Un lieu calme et apaisant que les enfants adorent !

Retournez aux sources du bouddhisme

CENTRE BOUDDHIQUE KAGYU-DZONG

40, route de la Ceinture-du-Lac-Daumesnil, 12e • M° Porte-Dorée ou Liberté
Tél. 01 40 04 98 06

Tous les jours sauf lundi • Entrée libre

kagyu-dzong.fr

En vous promenant sur les rives du lac Daumesnil, au bois de Vincennes, vous n'imaginez pas vous trouver tout près d'un centre bouddhique tibétain. Et pourtant, au sein de pavillons construits pour l'Exposition coloniale de 1931 a pris place en 1985 le centre Kagyu-Dzong. Le temple fut bâti selon les instructions du maître spirituel Kalou Rinpoché, dans le respect de la symbolique sacrée, avec par exemple une superficie de 108 mètres carrés, qui symbolise les 108 graines du *mala*, le chapelet bouddhique. Des enseignements sont régulièrement dispensés avec du yoga ou une initiation à la calligraphie, et chaque jour ont lieu plusieurs séances de méditation, ouvertes à tous. Alors ôtez vos chaussures, acceptez le thé que l'on vous offre et entrez !

Renouez avec l'infini

LES BULLES À FLOTTER

32, boulevard de la Bastille, 12e • M° Bastille • Tél. 01 43 42 23 95

Tous les jours, 10h-22h30 • 70 € la séance de 1h

lesbullesaflotter.fr

Réserver une bulle à flotter, c'est s'offrir une heure hors du monde. Après avoir pris connaissance des consignes et du déroulé de la séance, vous vous déshabillez – complètement, c'est tellement mieux qu'en maillot – et passez sous la douche. Vous voilà prêt. Lumière tamisée, musique de votre choix – le chant des baleines est parfait – vous entrez dans l'eau, idéalement chauffée à un peu plus de 34 degrés. Miracle, vous flottez bel et bien ! Vous fermez la porte, éteignez la lumière, la musique s'arrête. Les premières minutes sont un peu déstabilisantes, des tensions peuvent se faire sentir, notamment dans la nuque, mais très rapidement, le silence, l'obscurité et surtout la sensation incroyable que votre corps ne pèse plus rien, vous permettent de tout lâcher. Quand la lumière se rallume, vous n'en revenez pas. La séance est terminée mais vous continuez de flotter, toute la journée !

Dormez sur l'eau

HÔTEL OFF

86, quai d'Austerlitz, 13e • M° Gare-d'Austerlitz • Tél. 01 44 06 62 66

À partir de 118 € la chambre

offparisseine.com

Pour être dépaysé sans quitter la capitale, prenez la direction de l'hôtel Off. Cet hôtel flottant est conçu comme un véritable bateau, avec ponton et petit bassin au centre. Si l'on peut y boire simplement un verre en fin de journée, le mieux est de s'offrir une nuit dans une chambre-cabine. Le décor est soigné, la lumière douce, la literie confortable. Cocktail siroté à la fraîche ou petit-déjeuner savouré à l'aurore, heure où Paris s'éveille, cette escapade vous donnera l'impression de partir pour un long voyage. Préférez si possible une chambre avec vue sur la Seine : du soir au matin, bateaux et péniches présentent un spectacle dont il sera difficile de vous défaire au moment de rendre les clés. Seul petit bémol, la musique sur les quais alentour, qui pourrait vous inciter à faire la fête plus qu'à dormir !

Méditez en sous-sol

TEMPLE DE L'AMICALE DES TEOCHEW

Terrasse des Olympiades (accès par le 44, avenue d'Ivry), 13e
M° Olympiades ou Porte-d'Ivry • Tél. 01 45 82 06 01

Tous les jours, 9h-12h et 14h-18h • Entrée libre

Dans les années 1970, des milliers de Chinois originaires de la province du Guangdong, les Teochew, arrivent en France. En 1985, ils créent ce centre de méditation bouddhique. La seule condition pour y entrer est de respecter le recueillement des personnes présentes. Le centre comprend tout d'abord une salle où se réunissent les habitants du quartier pour boire un thé, lire le journal ou simplement discuter, puis le temple, dans lequel on pénètre après avoir enlevé ses chaussures. Un autel y est dressé sur trois niveaux, selon les traditions bouddhiques. Le gardien vend à qui le souhaite une petite brochure expliquant la signification des statues qui ornent cette salle de prière. Pratiquant ou non, vous apprécierez la lumière et les couleurs de ce lieu propice à la méditation.

FAITES UNE RETRAITE SPIRITUELLE EN PLEIN PARIS

Que vous vous interrogiez sur le sens de votre existence ou que vous ayez envie de vous éloigner du monde pour un temps, effectuer une retraite peut être une expérience salutaire en ces temps agités. Plusieurs lieux parisiens proposent de vous accueillir.
Le **monastère de la Visitation** n'est accessible qu'aux femmes, lesquelles doivent se soumettre à la loi du silence et de la clôture. Si elles le souhaitent, elles peuvent participer aux exercices de la vie monastique. Dans un autre esprit, l'**Ephrem**, maison d'accueil et de retraites spirituelles de la basilique du Sacré-Cœur-de-Montmartre, ouvre ses portes aux individuels et groupes qui souhaitent consacrer une journée, une nuit ou quelques jours au recueillement et à la prière. Pour ces deux lieux, réservez au moins une semaine à l'avance.

MONASTÈRE DE LA VISITATION

68, avenue Denfert-Rochereau, 14e
RER Port-Royal
Tél. 01 43 27 12 90
Participation aux frais de séjour variables
la-visitation.org

EPHREM

35, rue du Chevalier-de-La-Barre, 18e
M° Anvers
Tél. 01 53 41 89 09
sacre-coeur-montmartre.com

3

Tentez des aventures créatives

La créativité est à la source du bonheur. Bonheur d'explorer de nouvelles facettes de soi, de goûter à la beauté, d'exprimer ce que les exigences de la vie nous poussent à enfouir. Alors chantez, dansez, peignez, cuisinez et découvrez qui vous êtes, dans la joie !

Bougez comme Beyoncé

ELEPHANT PANAME

10, rue Volney, 2e • M° Opéra • Tél. 01 49 27 83 33

Un dimanche par mois en moyenne • Programme et réservation en ligne
40 € le stage de 2h

elephantpaname.com

Quand, dans une fête, vous reconnaissez les premières notes de *Single Ladies*, la chanson de Beyoncé, vous hésitez à vous lancer car vous ne maîtrisez pas vraiment le déhanché de la chanteuse ? Ce stage est pour vous. Après un rapide échauffement, vous apprenez la chorégraphie du clip mouvement par mouvement, le plus difficile étant de synchroniser le tout. Au bout de deux heures, vous parvenez à les enchaîner et, en vous regardant dans le miroir, vous êtes bluffé. Certes, vous n'avez eu le temps d'apprendre que le début de la chanson mais votre bassin est comme délié et votre corps bien plus léger. Vous avez chaud, soif, envie de vous écrouler, mais vous êtes heureux d'avoir osé et avez hâte de mettre vos nouveaux talents à l'épreuve lors d'une prochaine fiesta !

Assemblez le parfum de vos rêves

STUDIO DES PARFUMS

23, rue du Bourg-Tibourg, 4e • M° Hôtel-de-Ville • Tél. 01 40 29 90 84

Du lundi au samedi, 11h-20h • À partir de 95 € l'atelier

studiodesparfums-paris.fr

Vous changez de parfum comme de chemise et n'avez jamais trouvé celui qui vous correspond réellement ? Un atelier au Studio des Parfums pourrait changer la donne. Après avoir découvert l'orgue à parfums, qui contient plus de 150 notes différentes, vous suivez les conseils d'un parfumeur pour imaginer le vôtre, composé d'une douzaine de notes seulement – sinon gare à l'écœurement ! Tel un petit chimiste, vous avancez prudemment : certaines essences se marient particulièrement bien, mais d'autres ne font vraiment pas bon ménage. Au bout d'une heure ou deux, selon l'atelier, vous ne sentez plus grand-chose mais votre fragrance est prête à être mise en bouteille, il ne vous reste plus qu'à lui donner un nom. Et quand votre flacon sera vide, pas de panique : les formules sont conservées pour que vous puissiez rester fidèle à ce qui sera devenu votre signature olfactive !

Prenez la plume

LES MOTS

4, rue Dante, 5ᵉ • M° Cluny-La-Sorbonne • Tél. 06 37 47 07 71

À partir de 15 € l'atelier de 1h

lesmots.co

Qui n'a pas un jour songé à prendre la plume pour écrire le roman de sa vie ? Que ce désir vous hante sans que vous réussissiez à franchir le pas ou que vous passiez vos soirées à griffonner dans des carnets sans que jamais votre prose résiste à la relecture du lendemain, ce nouveau lieu est pour vous. Ateliers hebdomadaires ou stages de quelques jours, vous y apprendrez à manier la fiction ou à construire un récit, accompagné d'écrivains chevronnés comme Antoine Laurain ou Chloé Delaume. Et c'est justement la qualité des intervenants qui fait tout : vous sortirez de la première séance animé d'une exigence nouvelle, ayant compris qu'il ne suffit pas d'avoir envie d'écrire pour y parvenir, mais qu'il s'agit d'un art qui s'apprend et se travaille. Une véritable immersion dans la littérature contemporaine, à des tarifs accessibles à tous.

Déclamez des poèmes

CLUB DES POÈTES

30, rue de Bourgogne, 7e • M° Varenne • Tél. 01 47 05 06 03

Mardi, vendredi et samedi, à partir de 20h30
À partir de 16 € le dîner-spectacle (5 € le verre)

poesie.net

Fondé en 1961 par Jean-Pierre Rosnay, le Club des Poètes fut fréquenté par des auteurs comme Aragon ou Cocteau. Aujourd'hui, la clientèle, fidèle, aime consacrer ses soirées à la poésie. De 20h30 à 22h, c'est un temps d'échange, pendant lequel vous dînez ou buvez un verre en bavardant. Puis, vers 22h, des comédiens viennent dire, souvent en musique, des poèmes de tous pays et de tous temps. Si l'envie vous prend de partager à votre tour un texte que vous avez écrit ou que vous affectionnez particulièrement, c'est possible : il suffit de le connaître par cœur ! L'ambiance du lieu, si elle est parfois assez solennelle, est surtout très chaleureuse, ce qui aide les plus timides à franchir le pas. La soirée passe vite, et vous quittez le Club des Poètes la tête emplie de mots, avec le désir de vous replonger dans tous ces recueils que vous aviez un peu oubliés...

CHANTEZ À CHŒUR VAILLANT

Voici deux chorales pas comme les autres. L'aventure des **Bachiques Bouzouks** commence dans les années 1990, lors de la fête de fin d'année d'une école parisienne. Des parents d'élèves distribuent des paroles de chansons, et tout le monde se met à chanter autour d'un accordéon. Le succès est tel que les Bachiques Bouzouks décident d'exporter leurs talents et d'organiser dans la rue des fêtes ouvertes à tous. Aujourd'hui, le petit groupe dispose d'un répertoire de plus de 130 chansons, qui vont de classiques de la chanson française, comme *Les Champs-Élysées* ou *Ah ! Le petit vin blanc*, à des chants politiques tels que *L'Internationale* ou *Bella ciao*. Les passants se voient distribuer un livret de paroles et sont invités à chanter en chœur, dans une ambiance joyeuse ne versant jamais dans la fausse nostalgie. Pour ceux qui veulent explorer un répertoire plus engagé, **l'Écho Râleur** est THE chorale ! Ici, on entonne de préférence des chants révolutionnaires ou libertaires. Cette chorale décalée se produit depuis des dizaines d'années dans les rues parisiennes, dans des manifs, devant des prisons...

L'Écho permet de belles rencontres et voit parfois naître de vraies vocations. Pour participer, il suffit de s'inscrire aux auditions sur le site Internet, au moment de la rentrée scolaire. La sélection n'est pas drastique et se fait surtout en fonction de la place disponible, équilibre des pupitres oblige ! Avis aux amateurs, les (belles) voix d'homme sont particulièrement recherchées...
Si l'année est déjà bien entamée, il ne vous reste plus qu'à assister à quelques-uns de leurs concerts pour commencer à râler à leurs côtés.

BACHIQUES BOUZOUKS

Dates des auditions en ligne
bachiquesbouzouks.com

L'ÉCHO RÂLEUR

Auditions en septembre
echoraleur.com

Jouez au directeur de théâtre

CONSERVATOIRE NATIONAL SUPÉRIEUR D'ART DRAMATIQUE

2 bis, rue du Conservatoire, 9e • M° Grands-Boulevards • Tél. 01 53 24 90 16

Programme et réservation en ligne • Entrée libre

cnsad.fr

Le Conservatoire National Supérieur d'Art Dramatique, l'école qui fait rêver tous les aspirants comédiens, ouvre régulièrement ses portes pour des représentations publiques gratuites. En arrivant, vous êtes saisi par l'effervescence qui règne dans le hall : professeurs descendus régler les derniers détails, familles impatientes d'assister aux premiers pas des enfants, élèves venus soutenir leurs camarades... Dans la salle, les bancs ne sont pas des plus confortables, vous êtes à l'étroit, il fait chaud, mais qu'importe, le spectacle peut commencer. Pendant deux ou trois heures, vous vous laissez emporter par les mots de Paul Claudel, d'Anton Tchekhov ou de Victor Hugo, et, même si certains comédiens sont plus convaincants que d'autres – vous ne pouvez pas vous empêcher de faire quelques pronostics –, tous sont portés par l'irrépressible ferveur des débuts et jouent avec une grande générosité.

Brassez votre propre bière

LA BEER FABRIQUE

6, rue Guillaume-Bertrand, 11e • M° Rue-Saint-Maur • Tél. 01 71 27 71 02

Réservation en ligne • 60 € l'atelier de 2h (160 € les 4h)

labeerfabrique.com

Ces dernières années, Paris a vu fleurir de nombreuses brasseries artisanales. Désormais, vous pouvez vous aussi brasser votre bière. Pendant deux heures, en petit groupe, vous découvrez tous les détails à ne surtout pas négliger : choix et mesure du malt d'orge, précision de la température… Comme certaines étapes – cuisson, stérilisation, rinçage – prennent du temps, vous en profitez pour faire une petite dégustation et répondre à un quizz évaluant vos connaissances en la matière. Deux heures ne suffisant pas pour venir à bout du procédé, la bière avec laquelle vous repartez ensuite est celle qui a été brassée lors d'un atelier quinze jours auparavant. Pour créer un breuvage unique, le vôtre, et revenir le mettre en bouteille, il faut opter pour l'atelier de quatre heures. Une expérience collective ludique, testée et approuvée… par un Allemand !

Tapez sur des tambours japonais

TSUNAGARI TAIKO CENTER

Studio Campus • 12 bis, rue Froment, 11e • M° Bréguet-Sabin • Tél. 09 81 63 08 93

85 € le stage d'initiation d'une journée

tsunagari-taiko-center.com

Le *taiko*, ou tambour japonais, accompagne fêtes et cérémonies depuis l'Antiquité. Aujourd'hui, sa pratique est également devenue artistique. Rare en Europe, elle tend à se développer. Dès la première séance, entre musique, danse et art martial, le *taiko* permet de travailler son ancrage, sa souplesse, sa concentration. Comme tout est nouveau – instrument, posture, gestuelle, vocabulaire –, on se sent immédiatement immergé dans une culture et un pays nouveaux. Ayuko, l'une des enseignantes de l'association, insiste beaucoup sur la joie de jouer en groupe et sur la nécessité de persévérer après s'être trompé. Vous percevez ainsi rapidement que le *taiko* est bien plus qu'un tambour et que sa pratique peut vous transformer en profondeur. Et si vous avez opté pour un stage d'une journée, il est probable que vous ayez envie de continuer !

Confectionnez vos tablettes de chocolat

ATELIER C

123, avenue Daumesnil, 12e • M° Gare-de-Lyon • Tél. 06 76 53 63 37

Ateliers samedi et dimanche • 90 € l'atelier-découverte de 2h

Facebook : Atelier C

Le chocolat est votre péché mignon ? Les ateliers de Christophe, maître chocolatier, devraient vous combler. À ceux qui n'ont jamais travaillé le chocolat, il conseille de commencer par un atelier-découverte, qui allie la fabrication de tablettes personnalisées à une dégustation pour apprendre à déceler les différentes notes aromatiques d'un chocolat. Les passionnés peuvent préférer le *bean-to-bar*, unique à Paris, qui permet de confectionner sa propre tablette de A à Z. Origine des fèves, variété de sucre, épices, recette – vous êtes plutôt 70 % ou 85 % ? –, vous choisissez tout puis vous vous lancez, en vous familiarisant avec le maniement des instruments rapportés du Mexique par Christophe. Deux heures plus tard, le résultat est là. Heureux comme Charlie, héros du roman de Roald Dahl, vous venez de réaliser l'un de vos rêves d'enfant !

Pénétrez au cœur du Palais de Tokyo

LASCO PROJECT

Palais de Tokyo • 13, avenue du Président-Wilson, 16e • M° Iéna ou Alma-Marceau
Tél. 01 81 97 35 88

Tous les jours (sauf mardi) à 12h30 et 22h
(gratuit sur présentation d'un billet d'entrée) et dimanche à 15h (2 €)

palaisdetokyo.com

Le Lasco Project a été créé en 2012 et devait être éphémère, offrant pour six mois à des artistes d'art de rue les dédales de couloirs sous les salles d'exposition du Palais de Tokyo. Cinq ans plus tard, le projet s'est finalement étoffé et une soixantaine d'artistes internationaux continuent à réaliser des interventions. Accompagné d'un médiateur, vous franchissez les issues de secours – verrouillées – et pénétrez dans ce monde souterrain et secret. Les œuvres, parfois monumentales, sont exécutées à la bombe mais aussi parfois à la craie, en creux ou en relief. Couloirs, escaliers... L'immersion dans le monde du *street art* est totale, vous oubliez très vite où vous vous trouvez, l'heure et le temps qu'il fait... Un lieu de création, vivant, en perpétuelle évolution !

Prenez la pose comme une star

STUDIO HARCOURT PARIS

6, rue de Lota, 16e • M° Rue-de-la-Pompe • Tél. 01 42 56 67 67

Mercredi, vendredi et samedi • À partir de 7 € la visite de l'espace d'exposition
À partir de 385 € la séance photo

studio-harcourt.eu

Installé depuis peu dans un bel hôtel particulier, le Studio Harcourt est ouvert à tous. Vous pouvez venir boire un verre sur la terrasse, arpenter l'espace d'exposition et le cabinet de curiosités, apprendre à vous maquiller ou vous initier à l'art du portrait. Mais pour révéler la star cachée en vous, direction le studio. Après un passage au maquillage – perché sur la chaise de Catherine Deneuve dans *Peau d'Âne*, rien que ça ! –, vous serez photographié façon haute couture, selon une technique très précise (pas de flash, mais lumière continue). Que vous soyez jeune comédien prometteur, touriste de passage ou Parisienne sur le point de se marier, vous serez considéré avec la même attention et aurez vraiment l'impression de vous glisser dans la peau de quelqu'un d'autre. Une expérience unique qui a un prix mais dont vous vous souviendrez toute votre vie !

Peignez en liberté

STREET ART PARIS

Tél. 09 50 75 19 92 • Chaque premier dimanche du mois à 10h

35 € l'atelier de graffiti mural de 2h30

streetartparis.fr

Si, quand vous vous baladez du côté de Belleville ou du 13e arrondissement, vous vous extasiez sur les nombreuses fresques murales en rêvant secrètement de manier la bombe à votre tour, ces ateliers sont faits pour vous. L'artiste parisien qui vous accompagnera pendant presque trois heures commence par vous donner quelques clés avant de vous lancer – réfléchir à ce que l'on veut faire, l'esquisser sur papier, apprendre à utiliser une bombe de peinture… Ensuite, c'est à vous de jouer. Un peu timide au début, vous finissez par vous lâcher et, en partageant vos idées avec les autres participants, vous voyez naître une belle et grande œuvre collective. À la fin de l'atelier, vous avez l'impression d'avoir fait ça toute votre vie, et savourez ce délicieux petit goût d'interdit. Attention, pensez à mettre de vieux vêtements, l'art mural peut laisser des traces !

Chantez avec un grand orchestre

CONCERTS PARTICIPATIFS DE LA PHILHARMONIE DE PARIS

221, avenue Jean-Jaurès, 19e • M° Porte-de-Pantin • Tél. 01 44 84 44 84

Programmation et tarifs sur le site

philharmoniedeparis.fr

Il vous est déjà arrivé d'avoir envie de vous lever en plein concert tant votre désir de chanter était fort ? En assistant à un concert participatif à la Philharmonie, vous n'aurez pas besoin de vous retenir. Le principe est simple : après une brève préparation, en atelier sur place ou chez vous devant votre ordinateur, vous devenez acteur du spectacle pour lequel vous avez pris des places. C'est ainsi que vous pourrez, avec ou sans enfants, accompagner un orchestre dirigé par François-Xavier Roth pour un concert sur le thème de la nature ou encore entonner quelques chants slaves lors d'un concert vocal des Chœurs et orchestres des Grandes Écoles. L'émotion dans la salle est palpable et le plaisir est grand. Une façon d'être au cœur de la musique, au plus près des artistes.

Invitez Jean-Jacques Rousseau chez vous

WILLIAM DELLA ROCCA

Programme et réservation en ligne

Environ 15 € par personne (20 personnes minimum)

jeanjacquesetmoi.blogspot.fr

Les représentations de théâtre à domicile sont souvent données lors de fêtes. La pièce est légère, drôle, mais l'attention du public pas toujours au rendez-vous. William Della Rocca propose tout autre chose. Depuis une dizaine d'années, il travaille autour des textes de Jean-Jacques Rousseau, et les adapte en feuilleton théâtral. Avec déjà plus de 450 représentations à son actif, il vient jouer chez qui l'invite. L'hôte ne paye rien mais doit convier une vingtaine de spectateurs. Le grand soir arrive. Confortablement installé, vous assistez pendant près de deux heures à une véritable performance d'acteur – les textes sont dits et non lus – et à un voyage littéraire donnant à entendre une voix souvent oubliée. Et si vous n'avez pas l'espace pour accueillir William, jetez régulièrement un œil sur le blog, certaines dates dans des appartements parisiens sont ouvertes à tous.

Essayez des instruments non identifiés

ATELIER PATRICE MOULLET

Une date par mois • Programme en ligne

29 € la visite de 2h (20 € tarif enfant)

passtolocal.paris

Il y a les ateliers d'artistes cachés au fond des impasses parisiennes, et il y a celui de Patrice Moullet, installé depuis presque 30 ans... sous les tours de la Défense. Compositeur et sculpteur, Patrice Moullet crée des instruments de musique hors normes qu'il appelle des OMNI (Objet Musical Non Identifié). Une fois par mois, le site PassToLocal vous ouvre les portes de son atelier secret, accessible par un petit escalier impossible à trouver sans guide. Pendant deux heures, vous pouvez expérimenter les différents instruments, vous amuser de toutes les possibilités musicales qu'ils offrent, et jouer avec vos mains, vos pieds, votre corps tout entier. Ces véritables sculptures sonores, qui occupent tout l'espace, invitent à une immersion dans le monde de l'art et de la musique qui réjouira les grands et émerveillera les petits.

4

Rencontrez des inconnus et d'autres cultures

Pour la plupart d'entre nous, se retrouver seul au milieu d'inconnus est source d'inconfort. Pourtant, c'est par la rencontre que l'on se découvre souvent soi-même, au détour d'une conversation avec quelqu'un qu'on ne connaissait pas 10 minutes auparavant. Et quoi de mieux pour élargir ses horizons que de voyager ? À Paris, c'est facile : le monde entier s'y donne rendez-vous, dans des quartiers à explorer comme autant de terres nouvelles et accueillantes.

Discutez dans toutes les langues

POLYGLOT CLUB

Informations et inscriptions en ligne

Gratuit

polyglotclub.com

On dit souvent que pour apprendre une langue, rien ne vaut de vivre dans le pays. Avec le Polyglot Club, pas besoin de prendre un billet d'avion. Il suffit de vous inscrire puis de participer à l'un des "événements réels" organisés à Paris. Soirée franco-allemande dans un café ou pique-nique international dans les jardins de la Cité Universitaire, le programme est riche. Que vous rêviez de vous initier au chinois, de perfectionner votre anglais ou de vous remettre au russe, appris au lycée, ce réseau social pas comme les autres vous permettra de faire de vrais progrès mais surtout de belles rencontres. Car les 700 000 membres que compte le réseau, étudiants ou expatriés, ont tous en commun l'ouverture au monde et la curiosité.

Dînez à touche-touche

DANS LE NOIR ?

51, rue Quincampoix, 4e • M° Châtelet • Tél. 01 42 77 98 04

Tous les soirs, samedi et dimanche midi également
À partir de 41 € les formules

paris.danslenoir.com

Depuis l'ouverture du restaurant au début des années 2000, on en a tellement parlé que vous avez peut-être l'impression d'y être allé sans y avoir jamais mis les pieds. Pourtant, c'est bien d'une expérience unique qu'il est question. Guidé par une personne non-voyante, vous vous installez dans la salle, plongée dans une pénombre totale. Dès lors, tous vos repères volent en éclats. Le menu surprise est décontenançant tant il est difficile de deviner ce que l'on est en train de manger si l'on n'en connaît ni la couleur, ni la forme... Vos gestes sont d'abord maladroits : vous faites tomber une fourchette, renversez de l'eau sur la table. Et puis, doucement, vous vous détendez. Faisant confiance à votre toucher, à votre odorat, vous prenez le temps. Vous vous écoutez autrement. Et quand, le repas terminé, vous retournez à la lumière, c'est avec l'impression de revenir de loin.

Prenez rendez-vous avec E.T. et ses amis

OVNI PARIS

Maison des Mines • 270, rue Saint-Jacques, 5e • M° Censier-Daubenton

Tous les premiers mardis du mois, 19h (ou 20h)-23h • 10 € l'entrée

ovniparis.fr

Êtes-vous ufologiste ? Si vous l'ignorez, ou si vous ignorez tout simplement le sens du mot, réservez votre soirée du mardi et allez assister à l'une des rencontres organisées par OVNI Paris à la Maison des Mines. Là, des passionnés viennent écouter un conférencier (auteur, enseignant ou chercheur), mais aussi échanger sur le sujet qui les obsède : les OVNI. Mystérieux accidents d'avions, civilisations disparues, vidéos d'OVNI... L'étrange est au rendez-vous et les échanges troublants, voire déstabilisants. Il est préférable de ne pas avoir les oreilles trop sensibles, car ici, ufologie rime souvent avec complotisme : des organisations secrètes dominant le monde ainsi que les gouvernements chercheraient à nous cacher les innombrables preuves que les extraterrestres sont parmi nous, et ce depuis longtemps. On l'aura compris, un solide sens du second degré est recommandé...

Déjeunez avec vos amis d'Erevan

CANTINE DE LA MAISON DE LA CULTURE ARMÉNIENNE

17, rue Bleue, 9e • M° Poissonnière ou Cadet • Tél. 01 48 24 63 89

Du lundi au samedi, 12h-15h puis 19h-23h
(pour le soir, demander le code par téléphone)
12 € le plat • Pas de paiement par carte bancaire

Facebook : Maison de la Culture Arménienne

Voilà un endroit impossible à découvrir si l'on n'en connaît pas l'existence. Dissimulée derrière une porte cochère au fond d'une cour lumineuse, la Maison de la Culture Arménienne héberge un petit restaurant dont la cuisine familiale est aussi généreuse que délicieuse. Les grandes tables et le téléviseur allumé donnent au lieu un air de cantine bien agréable. Arméniens fidèles ou habitués du quartier, la salle est très vite remplie. Aux commandes, Tchinar et Mamikon, un couple très chaleureux qui prend un véritable plaisir à faire goûter la cuisine de son pays. Vous pouvez opter pour le plat du jour – aubergine farcie avec blé et salade, par exemple – ou préférer une grillade – brochettes de poulet. En voyant votre assiette arriver, vous aurez peur d'avoir eu les yeux plus gros que le ventre, mais, dès la première bouchée, vous saurez que vous ne vous ferez pas prier pour la terminer !

Flânez dans Mumbay-sur-Seine

QUARTIER DE LA CHAPELLE

Rue du Faubourg-Saint-Denis, 10e • M° Gare-du-Nord ou La-Chapelle

Vous avez subitement envie d'un bon curry ou d'un joli sari ? Direction rue du Faubourg-Saint-Denis, entre la gare du Nord et le théâtre des Bouffes-du-Nord. En faisant abstraction des immeubles haussmanniens, vous aurez l'impression d'arpenter une rue de New Delhi. Côté boutiques, vous avez l'embarras du choix : tissus aux couleurs chatoyantes, bijoux de pacotille… Les bazars regorgent de trésors : statuettes de Ganesh, sachets de henné, bindis, etc. Amoureux du cinéma bollywoodien, vous dénicherez des pépites dans les magasins de DVD. N'hésitez pas non plus à vous offrir une mise en beauté à l'indienne, dans des salons affichant des prix défiant toute concurrence. Et si vous avez un petit creux, achetez dans un snack samoussas à la viande ou aux légumes : un régal. La rue du Faubourg-Saint-Denis vous invite, sur quelques dizaines de mètres, à un véritable voyage. Pour en profiter pleinement, flânez sans compter votre temps.

SWINGUEZ JOUE CONTRE JOUE

Une envie soudaine de bal musette ? Le **Rétro Dancing** organise des thés dansants où sont programmés tango, valse, rock ou zouk. Au **Balajo**, club mythique qui accueillit à ses débuts Marlène Dietrich ou encore Arletty, ça swingue uniquement le lundi après-midi ! Si la moyenne d'âge du public a tendance à baisser, les danseurs ont tout de même entre 50 et 70 ans. La majorité d'entre eux, des habitués pour la plupart, sont venus en couple et ont revêtu pour l'occasion leurs habits du dimanche. Laissez-vous envoûter par l'atmosphère et la musique du lieu, et vous serez très vite transporté des années en arrière. Après avoir admiré l'habileté et l'élégance de certains danseurs, vous n'aurez plus qu'une idée en tête : vous lancer !

RÉTRO DANCING

23, rue du Faubourg-du-Temple, 10e
M° République
Tél. 01 42 08 54 06
Du mercredi au dimanche, 14h-20h
6 € entrée et consommation en semaine, 8 € le week-end
retrodancing.fr

BALAJO

9, rue de Lappe, 11e • M° Bastille
Tél. 01 47 00 07 87
Lundi, 14h-19h
Entrée gratuite
(4 € de consommation obligatoire)
balajo.fr

Festoyez comme au temps des chevaliers

LA TAVERNE MÉDIÉVALE

Les Caves Saint-Sabin • 50, rue Saint-Sabin, 11e
M° Bréguet-Sabin • Tél. 01 40 21 00 13

Programme en ligne • 10 € entrée et consommation
5 € le prêt de déguisement

Facebook : Les caves Saint-Sabin

Vous êtes féru d'histoire et aimez vous glisser dans la peau d'un autre ? Les soirées de la Taverne Médiévale devraient vous plaire. Après avoir troqué vos vêtements contre un déguisement, vous voilà transporté des siècles en arrière. Ici, chevaliers, seigneurs et damoiselles se croisent dans une ambiance bon enfant. Les barrières sociales sautent, chacun peut s'amuser sans crainte d'être jugé et tout le monde s'en donne à cœur joie : quand les uns dansent sur de la musique médiévale, les autres ripaillent ou boivent d'authentiques cervoises ! À la fin de la soirée, quand vient le moment de quitter ces belles caves voûtées, vous vous étonnez d'entendre votre portable sonner. Vous aviez presque oublié qu'il existait !

Faites "ami-ami" avec de parfaits inconnus

SOCIAL BAR

25, rue Villiot, 12e • M° Bercy ou Gare-de-Lyon • Tél. 01 49 29 03 37

Du mardi au samedi • À partir de 8 € le menu, 22 € le Social Brunch

social-bar.org

Le Social Bar est à la fois un espace de *coworking*, un bar solidaire – la moitié des bénéfices sont versés à des associations – mais aussi un lieu où l'on fait de vraies belles rencontres. Le mieux est bien sûr de venir en solo. Passés les premiers instants où vous vous demandez quelle mouche vous a piqué, ça va tout seul. Jeux, défis, soirées à thème, tout est fait pour vous mettre à l'aise et faciliter les contacts, sans jamais vous donner l'impression d'être dans un club de vacances ou une agence matrimoniale. Un petit exemple ? Vous pouvez jouer le prix de votre consommation aux dés, à condition que ce soit un inconnu qui le lance pour vous – ce qui vous oblige à lui parler ! La plupart du temps, ça marche, et la conversation s'engage dans la bienveillance et la convivialité. Rare et précieux par les temps qui courent !

Dégustez les saveurs du monde

KIALATOK

74, rue Philippe-de-Girard, 18e • M° La-Chapelle, Marx-Dormoy ou Gare-du-Nord
Tél. 01 40 37 70 94

Programme et réservation en ligne • 69 € l'atelier de 3h

particuliers.kialatok.fr

En participant à un atelier Kialatok, vous vous retrouvez au bout du monde sans avoir quitté Paris. Une présentation du pays ou une initiation à la langue vous mettent d'emblée dans l'ambiance. Ensuite, à vos tabliers ! Avec Marina, Ida ou Antero, vous confectionnez une *moqueca* de poisson de Bahia, des nems indonésiens ou un ceviche péruvien. Autour de la table, on se donne des conseils ou un coup de main, on rit, on écoute l'animateur expliquer d'où viennent les différents ingrédients, on s'extasie sur le parfum des épices. La soirée se termine par une dégustation, souvent en musique. Les discussions sont vives et joyeuses. L'objectif de l'association est de permettre aux animateurs, souvent dans des situations professionnelles compliquées, de reprendre pied en partageant avec d'autres leur culture et leur savoir-faire culinaire. Mission accomplie !

Plongez au cœur de l'Afrique

QUARTIER CHÂTEAU-ROUGE

Autour du métro Château-Rouge (rue Dejean, rue Poulet…), 18e • M° Château-Rouge

Marché du mardi au dimanche

À peine sorti du métro à la station Château-Rouge, vous voilà en Afrique, au milieu des boubous multicolores et des effluves entêtants. Les gens sont ici pour faire leurs emplettes, mais aussi pour bavarder – en témoignent les nombreux dialectes que vous devinez. Ils n'hésitent pas à traverser la ville pour retrouver l'ambiance du pays, prendre des nouvelles des uns et des autres… Dans les échoppes et sur les trottoirs, il y a tout ce qu'il faut pour préparer les plats traditionnels : manioc, ignames, épices, crabes d'eau douce… Les poissons ont des noms incroyables et les volailles sont vendues vivantes (les produits frais arrivent surtout le mardi et le vendredi). Vous pouvez également faire le plein de disques ou de produits de beauté. Un seul mot d'ordre : marchander. Les vendeurs, constatant que vous vous intéressez vraiment à leurs produits, seront ravis de vous faire un prix !

Célébrez Ganesh

TEMPLE HINDOUISTE SRI MANIKA VINAYAKAR ALAYAM

17, rue Pajol, 18ᵉ • M° La-Chapelle ou Marx-Dormoy • Tél. 01 40 34 21 89

Cérémonies tous les jours (10h, 12h et 19h) • Entrée libre

templeganesh.fr

Vous êtes peut-être déjà passé devant ce temple sans le remarquer. Seuls indices : les chaussures déposées sur le pas de la porte. Ici, il est possible de déambuler à sa guise, paisiblement, d'observer les fidèles venus apporter des offrandes et se recueillir. Le temple, très coloré, est consacré à Ganesh, dieu au corps d'enfant et à la tête d'éléphant très populaire en Inde. Vous pouvez aussi assister à une cérémonie : chaque jour sont célébrées des *pujâs*, cérémonies d'adoration rituelle, et le week-end ont lieu les *abhishekam*, bains sacrés offerts aux divinités. Difficile de tout comprendre, bien sûr, mais la gentillesse des hôtes est telle que vous vous sentirez rapidement à votre place. Et si vous couplez cette visite à une balade le long de la rue du Faubourg-Saint-Denis (voir p. 74), vous pourrez presque vous vanter de connaître l'Inde pour de vrai !

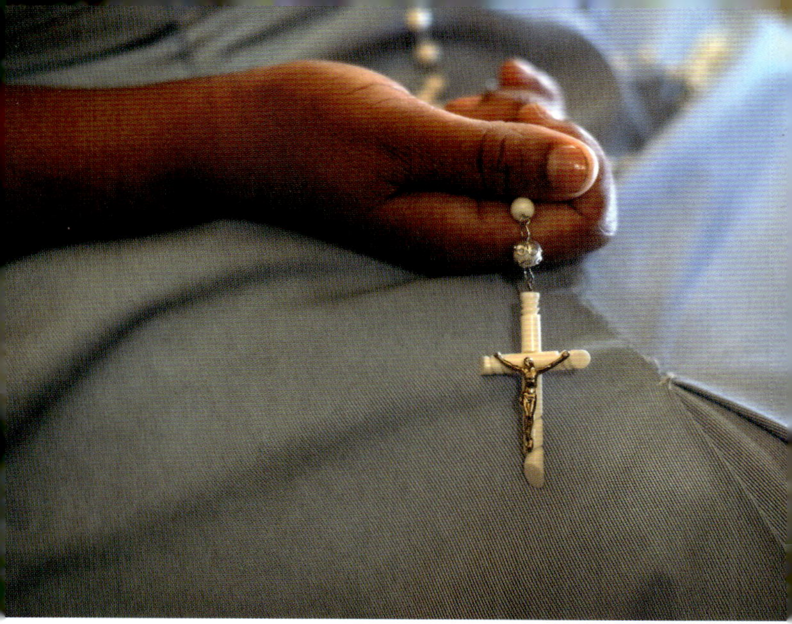

Jubilez en créole

ÉGLISE SAINT-GEORGES-DE-LA-VILLETTE

112-114, avenue Simon-Bolivar, 19e • M° Bolivar ou Colonel-Fabien

Messe de la communauté haïtienne le dimanche à 17h

saintgeorgesdelavillette.catholique.fr

Cette paroisse du 19e arrondissement accueille la communauté haïtienne chaque dimanche pour une messe en créole. Lorsque vous pénétrez dans l'église déjà pleine, vous constatez que vous êtes la seule personne blanche, mais nul ne semble le remarquer ! Si la cérémonie se déroule selon les mêmes rituels qu'une messe "traditionnelle" – lecture des évangiles, sermon... –, l'atmosphère, elle, est très différente. À 17 heures précises, près de l'autel, des musiciens commencent à jouer et une femme à chanter, rythmant gaiement l'office. Lorsque le prêtre fait son sermon, en créole bien sûr, il s'adresse d'une façon très directe à l'assemblée tout en ponctuant son discours de chants. Vous ne comprenez pas tout mais vous vous laissez porter par la ferveur qui anime les fidèles, en songeant que, si toutes les messes étaient aussi chaleureuses, de nombreux catholiques réinvestiraient les églises !

Rencontrez vos "contraires"

KIF KIF VIVRE ENSEMBLE

65, rue des Haies, 20e • M° Buzenval

Inscription gratuite en ligne

kifkif.org

On vit souvent les uns à côté des autres, sans rien connaître de l'univers de nos voisins. C'est forte de ce constat que l'association Kif Kif Vivre Ensemble propose d'organiser des rencontres entre ceux dont, a priori, les chemins n'auraient jamais dû se croiser. Quels que soient votre âge, votre culture, votre religion, votre orientation amoureuse, que vous soyez valide ou en situation de handicap, vous pouvez devenir ambassadeur et/ou invité surprise. L'idée est ensuite de partager un moment choisi avec des inconnus. Concert de musique classique, cérémonie de baptême, fête de quartier ou atelier de cuisine africaine, tout est possible. Et comme ceux qui, comme vous, ont fait la démarche de s'inscrire sont tous curieux des autres, la mayonnaise prend facilement. Une vraie belle idée qui fait du bien.

Partagez du pain… et de l'amitié

SALUT LES CO-PAINS - LE FOUR À PAIN COLLECTIF

30, rue Ernest-Savart, 93100 Montreuil • M° Mairie-de-Montreuil

Chauffe du four et ateliers un dimanche par mois
Participation gratuite • 10 € l'adhésion à l'association pour certaines activités

salutlesco-pains.org

Si cette association fait chauffer un dimanche par mois le four à bois construit par les habitants il y a une dizaine d'années, elle propose surtout de vrais moments de partage à ses membres. Que vous ayez envie de participer à une “pizza party” – on vous fournit la pâte, vous apportez les garnitures et de quoi trinquer – ou de tester une nouvelle pâte à pain, ça se passera toujours en bonne compagnie car ici, familles, Parisiens ou Montreuillois, jeunes ou moins jeunes, discutent, goûtent, se donnent des conseils, échangent de nouvelles recettes à chaque rencontre. Et quand arrive le soir – le dîner cuit lors de la dernière fournée peut lui aussi être pris en commun – le mot “collectif” a enfin repris tout son sens.

5

Retrouvez le plaisir de jouer

Se marrer pour rien, casser des briques pendant des heures, chercher à s'échapper d'un manoir hanté, jouer au petit train entre adultes... absurde ? Non, essentiel ! Individuel ou collectif, le jeu, par essence, échappe aux normes de la vie sociale ordinaire, et invite à sortir du quotidien pour s'immerger dans un cadre fabuleux. Une évasion impérieuse...

Embarquez pour des pays imaginaires

DERNIER BAR AVANT LA FIN DU MONDE

19, avenue Victoria, 1er • M° Châtelet • Tél. 01 53 00 98 95

Tous les jours 15h-00h30 (à partir de 11h30 le week-end) • À partir de 8,50 € le cocktail

dernierbar.com

Vous passez votre temps à regarder des films de science-fiction et à lire de la fantasy, en regrettant que la réalité soit parfois si étriquée ? Allez donc boire un verre au Dernier Bar avant la Fin du Monde. Animations, ateliers ou jeux collectifs s'y déroulent régulièrement. Après-midi *Game Of Thrones*, activité pour apprendre à trouver de l'eau potable en situation de survie ou soirée costumée sur le thème des pirates, chaque visite réserve son lot de surprises. Vous pouvez aussi vous lancer dans une partie endiablée d'un des nombreux jeux de société mis à votre disposition. Le lieu, au décor surprenant, est très fréquenté par les geeks de la capitale, ce qui vous assure des rencontres à la hauteur de vos attentes. Vous ne saurez toujours pas si la fin du monde se rapproche, mais vous aurez découvert qu'un autre univers existe.

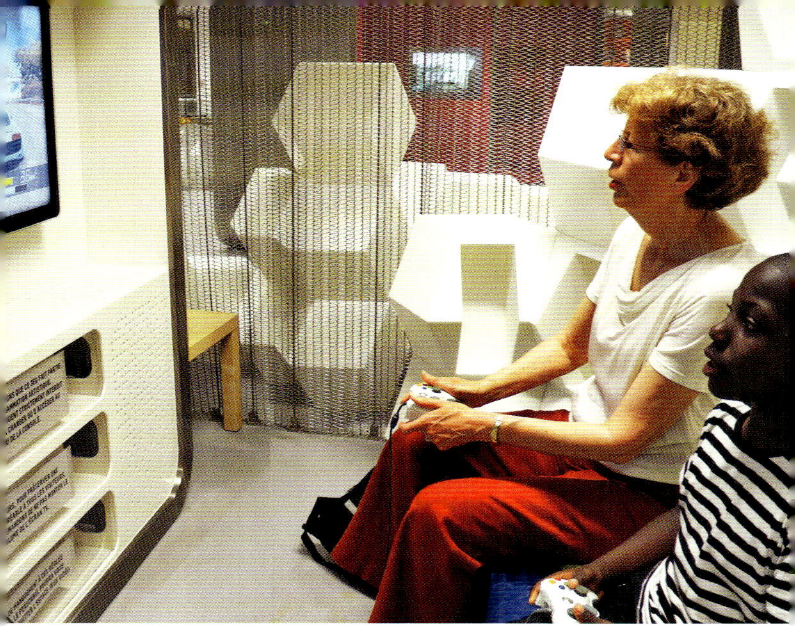

Initiez-vous aux jeux vidéo

ATELIERS GAME OLDER À LA GAÎTÉ LYRIQUE

3 bis, rue Papin, 3e • M° Réaumur-Sébastopol ou Arts-et-Métiers • Tél. 01 53 01 51 66

Jeudi, 14h-16h • Inscription gratuite • 16 € l'adhésion

gaite-lyrique.net

La Gaîté Lyrique a eu la bonne idée de créer des ateliers gratuits d'initiation aux jeux vidéo. Si vous n'avez plus 15 ans mais que cette pratique vous intéresse, vous allez adorer ! Chaque séance permet d'explorer un type de jeu différent, comme ceux de plateforme (*Mario Bros*, ça vous dit quelque chose ?) ou de projectiles (à vous les parties de tennis passionnées !). Selon les jours, on joue sur Wii, iPad, Xbox ou PC. Le public ? Des seniors curieux à la recherche de nouvelles activités, mais aussi de nombreux parents désireux de comprendre ce qui plaît tant à leurs ados. Vous apprenez à vous servir d'une manette, discutez des éventuels dangers du virtuel, des limites à poser, des nouveautés à tester... Surtout, vous avez l'agréable sensation de retomber en enfance, le temps d'une partie !

Trouvez la sortie… d'urgence

THE GAME

51, rue du Cardinal-Lemoine, 5e • M° Cardinal-Lemoine • Tél. 01 43 29 26 21

Tous les jours, 10h-22h • Réservation en ligne • À partir de 25 € la partie de 1h

thegame-france.com

Le principe de l'*escape game* ? Enfermé dans une pièce, vous devez, avec votre équipe, trouver des indices, résoudre des énigmes et même dégoter des passages secrets pour pouvoir en sortir. Depuis quelques années, les espaces se multiplient à Paris. Chez The Game, vous avez le choix entre sept missions, mais celle de l'avion est vraiment spectaculaire. Dans un décor ultraréaliste – et pour cause, les sièges sont ceux d'un appareil qui volait encore il y a peu –, vous mettez votre sens de l'observation et votre esprit de déduction à l'épreuve. Tout au long du vol, fausses pistes, rebondissements et autres effets spéciaux tentent de vous faire perdre votre sang-froid. Mais vous vous êtes juré de ne pas paniquer et vous tenez bon jusqu'à la fin de votre mission. En revanche, vous n'êtes pas prêt de remonter dans un avion !

Jouez aux petits trains, avec des grands

ASSOCIATION FRANÇAISE DES AMIS DES CHEMINS DE FER (AFAC)

Gare de l'Est, 10e • M° Gare-de-l'Est
Descendre la rampe d'accès au parking P1 (à gauche de la gare), puis sonner à l'interphone de la porte n° 9 dans la cour souterraine • Tél. 01 40 38 20 92

Samedi, 14h30-18h environ
Entrée libre • Téléphoner avant toute visite

afac.asso.fr

Tous les samedis, les passionnés de cette association dont le siège est situé dans le dédale de la gare de l'Est viennent faire tourner leurs modèles favoris en miniature sur un réseau complet de voies ferrées. Deux salles exposent des maquettes d'échelles différentes, le tout dans un décor au réalisme minutieux : une montagne et son tunnel, un village et ses commerces, une gare de voyageurs, un entrepôt de fret... Chacun des réseaux présentés ici est électrifié et des feux de signalisation arrêtent régulièrement les trains, comme dans la vraie vie ! Les installations sont patiemment entretenues par les adhérents de l'AFAC, qui répondront volontiers à vos questions. Une expérience pour retrouver votre âme d'enfant en rêvant devant la magie de ces circuits miniatures.

Revivez les ping-pongs endiablés de vos étés

GOSSIMA PING PONG BAR

4, rue Victor-Gelez, 11e • M° Rue-Saint-Maur • Tél. 01 48 07 43 35

Du lundi au samedi, 16h-2h • 6 € la location d'une table pour 30 min

gossima.fr

Ah, les parties de ping-pong endiablées de vos vacances... Laissez donc votre nostalgie au vestiaire et venez passer une soirée au Gossima. Le temps de commander une petite bière ou un cocktail et vous voilà raquette et balle en main. Il vous faut un peu de temps pour retrouver vos marques, mais une fois dans le match on ne peut plus vous arrêter ! Les huit tables permettent de ne pas trop attendre avant de jouer, même si les vendredis et samedis sont souvent chargés. L'ambiance n'est en effet pas la même en semaine l'après-midi ou le week-end en soirée mais elle est toujours joyeuse. Et si vous n'avez pas de partenaire, il suffit de demander, c'est très facile d'en dégoter un. Il ne vous reste alors qu'à vous lancer dans une petite tournante !

Trouvez votre enfant intérieur

YOGA DU RIRE

Chez Françoise Rousse, 12e (adresse complète communiquée après inscription)
Tél. 06 13 55 71 50

Deux samedis par mois, 11h-12h30 • 12 € la séance

rire-a-paris.com

En arrivant chez Françoise Rousse ce samedi-là, vous ne savez pas vraiment ce qui vous attend. Très vite, vous découvrez qu'il ne s'agit pas d'un yoga de posture. Quelques respirations, quelques étirements et vous voilà prêt... à rire ! Pour profiter pleinement des bienfaits de la séance, il faut laisser peurs et préjugés au vestiaire et simplement vous laisser guider. Françoise vous propose plusieurs exercices et son regard plein de bienveillance vous aide à oublier vos dernières appréhensions. Pendant une heure et demie, vous (ré) apprenez à regarder les autres dans les yeux, à oser, à vous amuser, à vous affirmer et à lâcher prise. Très vite, les rires fusent et la chaleur monte. Des souvenirs d'enfance vous reviennent, les émotions libérées sont intenses et à la fin de la séance vous vous sentez vraiment plus léger.

Pratiquez la pelote basque, comme à Biarritz

AU TRINQUET

Fronton de pelote basque Chiquito de Cambo • 8, quai Saint-Exupéry, 16e
M° Porte-de-Saint-Cloud • Tél. 01 40 50 09 25

Réservation par téléphone

autrinquet.com

La pelote basque, qui en France se pratique surtout au Pays basque, dans les Landes ou en Gironde, regroupe en réalité plusieurs jeux. *Pasaka, chistera* ou *rebot*, certains obéissent à des règles plutôt complexes, tandis que d'autres sont accessibles à tous. Au fronton Chiquito de Cambo, *pelotaris* débutants ou chevronnés profitent de ce cadre exceptionnel aussi loin de Biarritz ! Le bar-restaurant Au Trinquet organise également, tout au long de l'année, de grandes manifestations qui permettent de découvrir la pelote basque. La balle rebondit donc sans cesse, dans une ambiance conviviale digne des meilleurs coins du Sud-Ouest. Alors, que vous ayez envie d'être spectateur ou acteur, c'est ici que ça se passe !

Entraînez-vous au frisbee

REVOLUTION'AIR, CLUB D'ULTIMATE FRISBEE

Stade Bertrand-Dauvin • 12, rue René-Binet, 18e • M° Porte-de-Clignancourt

Entraînement ouvert à tous le lundi, 19h30-22h
Premières séances gratuites • 197 € l'inscription à l'année

revos.fr

Vous pensiez le frisbee réservé à la plage ? Ce sport existe pourtant depuis les années 1960 aux États-Unis et le premier championnat d'Europe a même eu lieu à Paris en 1980. Tous les lundis soirs, vous pouvez venir vous frotter à cette discipline, l'une des seules à être mixte et arbitrée par les joueurs eux-mêmes. Après l'échauffement, vous apprenez les gestes de base, comment tenir le disque, comment le lancer, comment le rattraper. Vient ensuite le moment de les mettre en pratique, au cours d'un premier match. Un tirage au sort détermine quelle équipe aura, pour commencer, le vent dans le dos – on change de côté à la mi-temps. À la fin de la soirée, vous êtes épuisé mais très heureux d'avoir découvert un sport intense, complet, se pratiquant toujours dans la bonne humeur !

Menez l'enquête

MORTELLE SOIRÉE

Tél. 06 82 19 02 08

Soirée une fois par mois environ • Programme et réservation en ligne
50 € l'enquête et le dîner

mortellesoiree.com

C'est dans un restaurant du 11e arrondissement que sont généralement organisées les Mortelles Soirées parisiennes. Vous pouvez venir entre amis ou bien proposer vos talents à une équipe constituée sur place. Assis autour d'une table, vous commencez par prendre connaissance des faits. Ce soir, c'est Pierre, le jardinier d'un hôtel de luxe, qui a été sauvagement assassiné. Grâce aux indices détenus par le commissaire, à l'observation de la scène de crime et à l'interrogation du témoin, vous allez mener votre enquête. Au bout de deux heures – et après un délicieux dîner –, vous devez vous mettre d'accord – ce qui n'est pas toujours facile ! – et donner votre verdict. Le commissaire vous révèle ensuite les clés de l'énigme. Vous vous êtes trompé ? Vous manquez peut-être un peu d'entraînement. Il est temps de ressortir le Cluedo du placard !

Jouez dans et avec la ville

PARIS STREET GOLF

Pratique libre • Gratuit

parisstreetgolf.com

Cela fait une bonne dizaine d'années que les "street golfeurs" s'emparent des rues de la capitale. Le principe est simple : muni d'un club et de balles légères – pas question d'utiliser les classiques, sécurité oblige –, vous déterminez un parcours et des cibles, qui ne sont pas des trous mais des poubelles, des bancs, des réverbères... Puis, comme dans la version originale, le but est de les atteindre en faisant le moins de coups possible. Des associations comme Paris Street Golf organisent régulièrement des rencontres ouvertes à tous, mais vous pouvez également pratiquer seul, dans votre quartier, en évitant bien sûr les rues très fréquentées ou les heures de pointe. Et si vous craignez d'éventuelles remontrances de passants ou de policiers, sachez que la discipline commence à être reconnue ; vous devriez donc pouvoir, sans être importuné, vous entraîner pour la Coupe du Monde 2018 qui aura lieu... à Paris !

6

Éprouvez des sensations fortes

Une bonne poussée d'adrénaline réveille et booste, alors quoi de mieux qu'une petite virée en ski nautique, une compét' de démolissage en règle, ou une soirée en compagnie de travestis transsexuels de Transylvanie pour faire battre votre cœur plus vite ?

Musclez-vous… à la yankee

REEBOK CROSSFIT

31, avenue de l'Opéra, 1er • M° Palais-Royal • Tél. 01 42 33 36 57

Du lundi au vendredi, 6h30-22h et le week-end, 10h-18h
120 € par mois pour un engagement d'un an

reebokcrossfitlouvre.com

Vous aimez les nouveaux défis ? Venez donc tester le CrossFit. Cette discipline vient des États-Unis, où elle a été créée dans les années 1970 pour les forces spéciales américaines. Ça vous donne une petite idée de ce qui vous attend. Après le *warm-up* – échauffement – le coach vous apprend les mouvements de base : *squat, pull up, dead lift, dips* ou *clean*. Vous ne comprenez rien ? Pas de panique, après une ou deux séances, ce jargon n'aura plus de secrets pour vous. L'entraînement se passe toujours en groupe, "à l'américaine". Pas question de se jauger les uns les autres : on s'encourage, on s'entraide, on se félicite. Une ambiance qui aide à tenir car le niveau est élevé, mieux vaut être déjà un peu sportif. Mais si vous vous accrochez, vous obtiendrez rapidement de vrais résultats et deviendrez aussi athlétique que dans vos rêves les plus fous !

Volez au-dessus de Paris

FLY VIEW PARIS

30, rue du Quatre-Septembre, 2e • M° Opéra

Tous les jours • Horaires en ligne • À partir de 14,50 € la séance

flyview360.com

À bord d'un *jetpack*, équipé de lunettes permettant une vue à 360 degrés, vous vous envolez pour un voyage de 13 minutes. Ici, pas de réalité virtuelle avec images de synthèse mais une réalité immersive, avec un véritable survol de la ville, filmé à l'aide de drones. Vous vous approchez si près des principaux monuments – Tour Eiffel, Notre-Dame, Louvre – qu'ils vous apparaissent sous un jour nouveau. Si la force et la beauté des images sont au cœur de l'attraction, les sensations fortes sont également au rendez-vous puisque, grâce à cette machine dynamique qu'est le *jetpack*, vous aurez l'impression de décoller puis de planer “pour de vrai”. Attention, vous pourriez même avoir le vertige !

Cassez tout, cassez tout !

FURY ROOM

23, rue Blondel, 2e • M° Strasbourg-Saint-Denis • Tél. 01 73 71 39 27

Du mardi au vendredi, 14h-22h et le samedi, 12h-minuit • À partir de 10 € la séance

furyroom.fr

Vous avez failli casser la figure de celui qui vous a bousculé dans le métro, passé la soirée à hurler sur vos enfants ou ressenti des envies de meurtres envers vos collègues ? Il est temps de faire un tour à la Fury Room. Le concept ? Après avoir enfilé un équipement de protection adéquat, vous pourrez mettre en miettes vaisselle, bouteilles, ordinateurs ou petits meubles. Oubliez votre mauvaise conscience, puisque la plupart des objets sont en route pour la déchetterie et finiront recyclés après votre intervention. Vous pouvez donc vous lâcher en toute tranquillité. Après avoir jeté des assiettes contre un mur, explosé un écran ou démonté un meuble à coups de pied, vous vous sentirez déjà beaucoup mieux. Et rentrerez, calmé, à la maison !

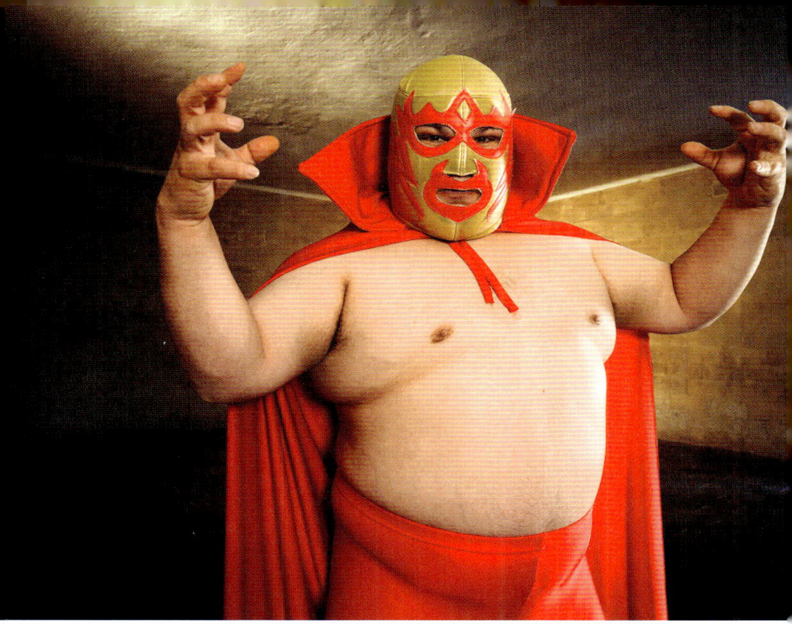

Montez sur le ring

LA LUCHA LIBRE

10, rue de la Montagne-Sainte-Geneviève, 5e • M° Maubert-Mutualité
Tél. 01 43 29 59 86

Du mardi au samedi, 17h-2h • À partir de 2 € par personne l'open ring

laluchalibre.fr

Cela commence comme une soirée normale entre amis. Seuls les tapas d'insectes – grillons, vers, scorpions – peuvent vous mettre la puce à l'oreille ; ce bar n'est pas exactement comme les autres. Vous avez à peine terminé votre verre que l'un de vos camarades vous tire par la manche. Le moment est venu de monter sur le ring ! La Lucha Libre est en effet le seul bar au monde à être équipé d'un véritable ring de catch, ouvert à tous ceux qui ont envie de se battre ! On vous prête un costume qui ressemble à celui d'un sumo – en l'enfilant vous savez que vos prédécesseurs n'ont pas fait semblant, en atteste une délicieuse odeur de sueur – et c'est parti. Vous esquivez les coups, tentez d'en donner quelques-uns, sans animosité évidemment, car vous êtes là pour vous amuser et passer une bonne soirée, finalement très originale !

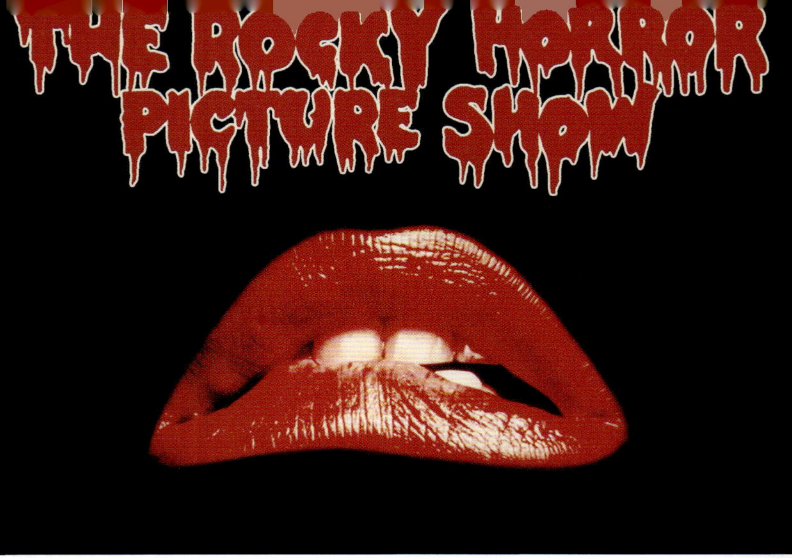

Éclatez-vous au ciné

THE ROCKY HORROR PICTURE SHOW

Studio Galande • 42, rue Galande, 5e • M° Saint-Michel ou Maubert-Mutualité
Tél. 01 43 54 72 71

Vendredi et samedi, 22h • 12 € la séance
Prévente en ligne dès le lundi précédant la séance

studiogalande.fr

The Rocky Horror Picture Show, parodie de film d'horreur, de science-fiction et de série B sorti en 1975, s'est peu à peu constitué un noyau de fans et s'est fait connaître dans le monde entier. Le Studio Galande le programme tous les week-ends depuis 40 ans, lors de séances très spéciales. Une troupe d'animateurs bénévoles est chargée de vous faire vivre ce que vous voyez à l'écran, grâce à des dizaines d'accessoires et à des costumes extravagants. Le spectacle est aussi dans la salle : les spectateurs, souvent déguisés, sont invités à lancer du riz pour célébrer un mariage ou à arroser leurs voisins quand le tonnerre gronde à l'écran. Pour profiter de la soirée, laissez vos inhibitions au vestiaire et jouez le jeu à fond. Vous vous sentirez alors rapidement envahi par "l'esprit du Rocky", bien différent de tout ce que vous avez vu jusqu'ici.

Tremblez carcasses !

LE MANOIR DE PARIS

18, rue de Paradis, 10e • M° Poissonnière, Bonne-Nouvelle ou Gare-de-l'Est

Vendredi, 18h-22h et le week-end, 15h-19h
27 € l'entrée (20 € tarif enfant)

lemanoirdeparis.fr

Vous aimez frissonner, trembler, sursauter ? Le Manoir de Paris est fait pour vous. Bien loin des trains fantômes en carton-pâte de notre enfance, cette demeure classée est hantée par des monstres, incarnés par des comédiens plus vrais que nature. Avant même que la visite commence, deux ou trois d'entre eux se glissent dans la file d'attente et les premiers cris, stridents, se font entendre. Certains visiteurs sont si effrayés qu'ils n'ont même pas le courage d'aller plus loin ! Vient ensuite le spectacle, parcours à travers les légendes du crime parisien comme L'Homme au Masque de Fer ou Le Pâtissier Sanguinaire. Décors, costumes, obscurité... Tout est fait pour que vous soyez terrifié et ça marche si bien qu'il vaut mieux éviter de venir avec de jeunes enfants ou des personnes cardiaques. Âmes sensibles, s'abstenir !

Maniez le sabre tel un Jedi

SPORT SABER LEAGUE

46, rue du Faubourg-Saint-Martin, 10e
M° Strasbourg-Saint-Denis ou Jacques-Bonsergent

350 € l'année pour 1h30 de cours hebdomadaire
Possibilité de cours particuliers ou d'initiation entre amis

sportsaberleague.com

Tous les fans de *Star Wars* ont un jour rêvé de manier le sabre laser : c'est désormais possible ! Une fois inscrit, vous découvrirez qu'il ne s'agit pas seulement d'une activité ludique mais bien d'un véritable sport de combat, aux règles très précises. Muni d'un sabre plus vrai que nature, lourd mais maniable – et bien sûr lumineux –, vous commencerez par la forme I, celle de la détermination, par laquelle passent tous les débutants. Échauffements, apprentissage des gestes techniques, duels… Très vite, vous êtes essoufflé, vous transpirez, la pratique du sabre étant bien plus physique qu'elle n'en a l'air. Le cours d'une heure et demie passe très vite, dans une ambiance toujours bon enfant. Une vraie découverte !

Immergez-vous dans un bain de glace

ESPACE CRYO

68, avenue Ledru-Rollin, 12ᵉ • M° Ledru-Rollin • Tél. 01 75 42 67 60

Du mardi au samedi, 11h-19h30, avec ou sans rendez-vous
40 € la séance de 2 à 3 min

espacecryo.com

On ne parle plus que de ça : la cryothérapie vaincrait les pires insomnies, viendrait à bout des maux de dos et améliorerait considérablement l'humeur. C'est pourtant un peu réticent que vous vous rendez à votre première séance. En sous-vêtements, mains et pieds protégés, vous entrez dans une cabine dans laquelle la température va de -120° C à -150° C. Comme l'air est très sec, le froid est au début vraiment supportable. Au bout d'une minute, votre corps, dont la température a chuté, se demande ce que vous lui infligez. Mais quand ça commence à picoter de partout et que vous doutez de votre endurance, c'est déjà terminé. Et c'est là qu'en réalité tout commence : vous vous sentez tout de suite en pleine forme. Une sensation qui perdure plusieurs jours et qui vous donne envie de remettre ça dès que vous êtes un peu fatigué !

Prenez les commandes d'un Boeing

FLIGHT EXPERIENCE

21, quai d'Austerlitz, 13e • M° Quai-de-la-Gare • Tél. 01 45 86 04 04

Réservation en ligne ou par téléphone
99 € le vol découverte de 30 min

paris.flightexperience.fr

Et si vous pilotiez un Boeing 737 ? Grâce à ce simulateur plus vrai que nature, c'est possible sans aucune expérience dans l'aéronautique. Dès la confirmation de votre réservation, reçue sous la forme d'une carte d'embarquement, vous y croyez. Après un court briefing, vous prenez place dans le cockpit pour le décollage. Montée, croisière, approche et atterrissage : vous vivez ensuite les différentes étapes d'un vol classique, aidé par un copilote. Heureusement qu'il est là, car le tableau de bord est si impressionnant que vous craignez en permanence de vous tromper de bouton ! Les images sont belles et les détails si soignés que vous oubliez très vite que vous êtes toujours au sol. Vous pouvez faire profiter de ce premier vol à des proches puisque les deux sièges arrière peuvent être occupés sans supplément. Une pression supplémentaire !

Entrez dans un monde virtuel

MK2 VR

160, avenue de France, 13e • M° Bibliothèque-François-Mitterrand ou Quai-de-la-Gare

Du lundi au vendredi, 16h-21h, le samedi 11h-22h et le dimanche 11h-20h
12 € la séance de 20 min

mk2vr.com

Que vous soyez plus geek que geek ou parfaitement novice en la matière, l'expérience du MK2 VR devrait vous séduire. Pendant 20 minutes – ou 50 si vous préférez prendre votre temps –, vous pourrez tester les 12 postes de réalité virtuelle. Les films/jeux changent très régulièrement mais avec un peu de chance, vous pourrez nager avec des dauphins ou faire une course de rameur à Babylone. Le plus impressionnant reste le simulateur de vol : allongé sur le ventre, bras tendus, il vous faut battre des ailes pour slalomer entre les gratte-ciel new-yorkais. Après le vertige des premiers instants, vous prenez vos marques et vos aises. Quand, deux minutes plus tard, la machine vous indique que le temps est écoulé, vous n'avez pas du tout envie d'atterrir ! C'est ludique, bien conçu, et ça ne ressemble en aucun cas au cinéma ou aux jeux vidéo que vous connaissez : un véritable monde parallèle.

Faites du ski nautique en plein Paris

SKI NAUTIQUE CLUB DE PARIS

1, allée du Bord-de-l'Eau, 16e • Bus 241, arrêt Passerelle-de-l'Avre • Tél. 06 14 61 87 51

40 € le baptême pour un adulte

skinautiqueclubdeparis.com

Si la baignade dans la Seine n'est pas encore d'actualité, on peut y pratiquer différentes activités et même s'initier au ski nautique ! Le Ski Nautique Club de Paris, créé par deux frères au début des années 1990, est installé dans le bois de Boulogne et accueille tous les amateurs de glisse, qu'ils soient parfaitement novices – les enfants sont les bienvenus – ou déjà chevronnés. Première impression : l'eau n'est pas glacée et plus propre qu'on l'imaginait. Mais lors d'un baptême, tenir plus de quelques secondes sur ses skis n'est pas donné à tout le monde, alors mieux vaut prendre les choses à la légère, sans se décourager à la première chute. Le club propose un forfait groupe, parfait pour une soirée entre amis qui change du classique pique-nique – mais la bienveillance est de rigueur !

Trinquez avec la Reine des Neiges

ICE KUBE BAR

1 à 5 passage Ruelle, 18e • M° La-Chapelle • Tél. 01 42 05 20 00

26 € la session de 20 min (comprenant 3 cocktails et 1 shot)

kubehotel-paris.com

Vous avez écumé tous les bars de la capitale et plus rien ne vous surprend ? Réservez donc une session au Ice Kube Bar. À votre arrivée, vous commencerez par enfiler une doudoune et des gants. Vous entrerez ensuite dans un sas d'adaptation, où la température avoisine les -10° C. Quelques instants plus tard, vous pourrez prendre place au bar qui, comme les sièges ou les verres, est taillé dans de la glace. S'il fait vraiment froid (-18° C tout de même !), vous vous réchaufferez rapidement grâce aux cocktails servis à la chaîne – 20 minutes, ça passe vite ! Le décor, qui change à chaque saison, est vraiment incroyable. Et si vous avez choisi de venir ici au cœur de l'été, le dépaysement n'en sera que plus grand. Ce bar n'est pas celui où vous referez le monde jusqu'au bout de la nuit, mais vous en repartirez à coup sûr très agréablement déboussolé.

L(h)âchez tout !

LES COGNÉES

5, rue Stephenson, 18e • M° La-Chapelle • Tél. 01 71 20 14 45

Réservation en ligne • 57 € la séance de 1h

lescognees.com

Besoin de vous défouler, de relâcher la pression insupportable qui pèse sur vous depuis des mois au bureau, de vous venger des vacheries de votre belle-mère, de votre mec, de votre fiancée ? Vous regardez *Shining* en boucle et connaissez les moindres détails de *Massacre à la tronçonneuse* ? Erreur ! Fausse route ! Adoptez un mode "défoulatoir", beaucoup plus adapté et qui vous ne mènera pas à la case prison : le lancer de hache. Mais attention, tel qu'on le pratique au Canada, c'est-à-dire encadré par des experts, sur une cible inoffensive et en toute sécurité mais avec une immense jubilation. Seul entre deux rendez-vous, ou à plusieurs pour une séance collective, dans tous les cas, ça fait un bien fou !

Volez de vos propres ailes

IFLY

Centre commercial Vill'Up • 30, avenue Corentin-Cariou, 19e
M° Porte-de-la-Villette • Tél. 01 80 49 94 00

Tous les jours, 10h-1h • À partir de 59,90 € le baptême de chute libre *indoor*

iflyfrance.com

Vous rêvez de voler mais sauter en parachute vous semble irréalisable ? La chute libre *indoor* permet de parvenir à des sensations presque similaires sans prendre de risque. Après avoir écouté les consignes, vous enfilez une combinaison, des lunettes, un casque et des bouchons d'oreilles. Vous entrez ensuite dans un tube transparent de 14 mètres de hauteur et vous voilà prêt à voler. Première impression : le bruit de la soufflerie est impressionnant, et ce malgré les bouchons ! Vous avez du mal à trouver et garder la bonne position ? C'est normal, le premier vol est souvent chaotique. C'est pour cela qu'un deuxième est prévu. Et en effet, ça va beaucoup mieux, vous vous sentez bien plus léger. Une minute plus tard – ça ne passe pas si vite que ça – vous voilà de retour sur terre. Prochaine étape : la chute libre en plein air ?

Escaladez comme en forêt

ARKOSE NATION

35, rue des Grands-Champs, 20e • M° Buzenval ou Nation • Tél. 01 71 93 14 34

Tous les jours, 8h-minuit • 15 € la séance

www.nation.arkose.com

Vous adorez aller vous balader dans la forêt de Fontainebleau et grimper de rocher en rocher ? Vous devriez apprécier l'escalade de bloc chez Arkose. Que vous soyez débutant ou non, il existe un espace adapté. Les murs, inclinés positivement ou négativement pour une grimpe plus ou moins physique, font jusqu'à cinq mètres de hauteur. Au sol, d'épais matelas permettent d'adoucir la chute, car ici il n'y a ni corde ni harnais. Dès le matin, les lieux sont très fréquentés, souvent par des habitués, qui parviennent au sommet en moins de deux. Si vous avez envie de devenir aussi agile qu'eux, vous pouvez vous inscrire aux cours (hebdomadaires ou à la carte). Vos enfants sont également les bienvenus, des blocs leur étant réservés. Et quand vous en avez plein les jambes, vous pouvez vous attabler devant de bons petits plats, préparés avec des produits frais et locaux. Après l'effort, le réconfort !

Enfourchez le balai d'Harry Potter

INITIATION AU *QUIDDITCH*

Samedi matin et dimanche après-midi sur réservation

5 € la séance d'initiation de 3h

quidditch.fr • parisfrogquidditch.wixsite.com

Si tous les fans d'Harry Potter connaissent le *quidditch*, ce jeu qui se pratique à cheval sur un balai, peu d'entre eux y ont déjà joué. L'équipe Paris Frog, qui a remporté le championnat (oui, oui !) en 2014, propose aux débutants de s'y essayer, le temps d'une demi-journée, près du château de Vincennes. Après un échauffement digne de ce nom – car le *quidditch*, c'est du sport, vous allez le découvrir ! –, vous voilà gardien, attrapeur, poursuiveur ou batteur. Si les balais sont en plastique et le vif d'or remplacé par une balle de tennis, les règles sont bien celles de la saga. Au bout de quelques minutes, vous avez glissé, vous êtes égratigné, mais même à bout de souffle vous vous accrochez, car comme Harry l'envie de faire gagner votre équipe est plus forte que tout !

Dévalez les Champs-Élysées dans un bolide

SPEED RACE CAFÉ

5, route de l'Ouest, 94380 Bonneuil-sur-Marne
M° Maisons-Alfort-les-Juilliottes puis bus 104 • Tél. 09 86 24 35 90

Mercredi, samedi et dimanche • 10h-19h • 7 € les 5 min, 25 € les 20 min

speedracecafe.fr

Vous ne ratez pas une retransmission de course de Rallye ou de Formule 1 ? Cette fois, c'est vous qui allez piloter. Installé au volant d'un petit bolide grandeur nature, vous pourrez opter pour l'un des circuits du championnat mondial ou préférer foncer sur les Champs-Élysées. Si les images sont bien virtuelles, l'écran panoramique ainsi que la qualité des simulateurs et du son – vous ignoriez que cela faisait autant de bruit, un moteur qui vrombit ! – permettent de vraies sensations. Et si vous veniez pour vos enfants – qui doivent mesurer plus de 1,30 mètre et être âgés d'au minimum 16 ans pour piloter les F1, Subaru et Citroën –, il y a de grandes chances pour que vous deveniez accro… Vous pourrez aussi visionner des films ou vous adonner à des jeux de réalité virtuelle interactive mais également faire une partie de Foot en Salle ou de Bubble Football. Éclat de rire assuré !

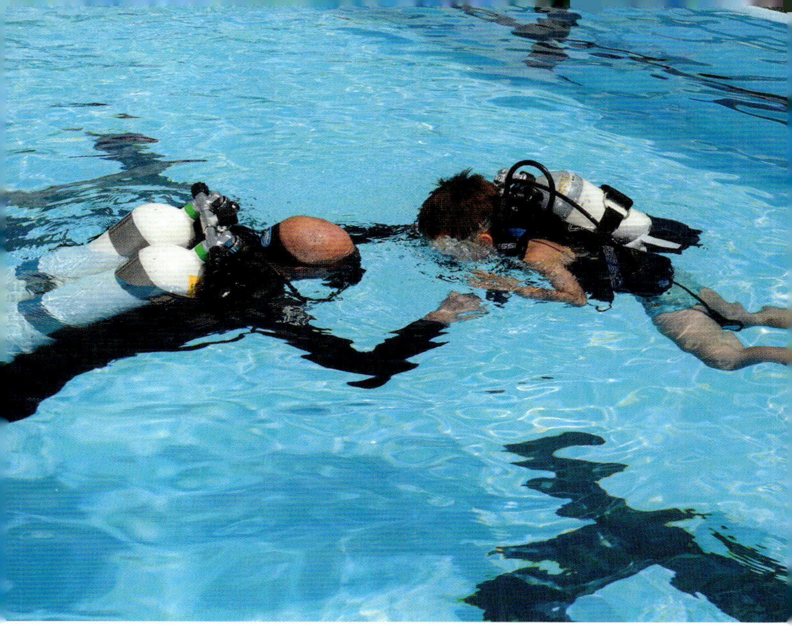

Passez votre baptême de plongée

PARIS PLONGÉE

Complexe sportif Telemaco Gouin • 4 bis, avenue Anatole-France,
94220 Charenton-le-Pont • M° Charenton-Écoles • Tél. 06 64 15 21 31

Sur inscription • 45 € le baptême de plongée (certificat d'aptitude obligatoire)

parisplongee.com

Si partir découvrir la richesse des fonds de la mer Rouge est l'un des exploits que vous vous êtes promis de réaliser un jour, vous pouvez au préalable vous initier à la plongée ici, aux portes de la capitale. L'environnement n'est bien sûr pas le même mais les sensations valent le coup. Avant de commencer, le moniteur vous montre les gestes grâce auxquels vous communiquerez une fois sous l'eau. "On remonte", " Tout va bien" ou "J'ai un problème" : mieux vaut les connaître avant de se lancer. Équipé d'une bouteille, vous pouvez alors vous diriger vers la fosse, d'une profondeur de 20 mètres. Une fois passée l'appréhension du début, votre corps vous semble léger, comme en apesanteur. Ce jour-là, vous descendez à six mètres, vos oreilles se mettent à bourdonner… La prochaine fois, promis, les poissons seront de la partie !

Sautez en parachute

PARIS JUMP

Aérodrome de Saint-Florentin-Chéu • 89600 Saint-Florentin
(accès facile depuis la gare de Paris-Bercy) • Tél. 06 58 63 77 99 ou 06 82 53 98 20

À partir de 199 € le saut

parisjump.com

Il n'est pas encore possible de sauter en parachute au-dessus de la tour Eiffel, mais en s'éloignant de Paris le rêve devient réalité. S'il existe plusieurs centres à moins de deux heures de la capitale, celui-ci a l'avantage d'être accessible en train depuis la gare de Bercy (une navette gratuite vient ensuite vous chercher). Après une vingtaine de minutes d'avion, vous voilà à 3 000 mètres d'altitude. La porte s'ouvre, il faut y aller. Solidement harnaché à un moniteur, vous vous laissez tomber et c'est parti pour 50 secondes de chute libre, à près de 200 kilomètres par heure. Une véritable sensation d'ivresse vous envahit, jusqu'à l'ouverture du parachute, qui vous permet de souffler un peu et de profiter du paysage. Vous pensiez que ce baptême resterait une expérience unique ? Après avoir sauté, vous aurez sans doute envie de recommencer, en solo cette fois-ci !

Pilotez un avion pour de vrai

INITIATION AU PILOTAGE D'AVION

Aérodrome de Lognes-Émerainvilles • 77185 Lognes

Réservation en ligne • 149 € le vol de 20 min

sport-decouverte.com

Ici, pas de simulateur mais un véritable avion de tourisme qu'il va falloir piloter. Un instructeur, qui sera aussi votre copilote, commence par vous expliquer les techniques de base et la façon dont va se dérouler le vol. Vient ensuite le moment du décollage. Votre cœur bat la chamade mais l'instructeur, très pro, sait détendre l'atmosphère pour vous rassurer. Vous voilà déjà dans les airs, votre respiration s'apaise. Pendant le vol, vous passez tout près du château de Vaux-le-Vicomte mais vous n'avez pas vraiment le temps ni l'envie de regarder au sol, préférant vous concentrer sur l'essentiel : le tableau de bord. L'expérience est impressionnante, mais dès l'atterrissage vous savez que vous la renouvellerez.

Index

INDEX ALPHABÉTIQUE

INDEX GÉOGRAPHIQUE

CRÉDITS PHOTOGRAPHIQUES

Édition : Sandrine Gulbenkian et Mathilde Kressmann
Relecture-correction : Cécile Rémy et Olivier Debanne
Direction artistique et couverture : Isabelle Chemin
Maquette : Flore Brenne

ISBN : 987-2-37395-050-2
Dépôt légal : mars 2018
Achevé d'imprimer en UE en janvier 2019